GABRIELA BARRETTO DE SÁ

A NEGAÇÃO DA LIBERDADE: DIREITO E ESCRAVIZAÇÃO ILEGAL NO BRASIL OITOCENTISTA (1835-1874)

Copyright © 2019 by Editora Letramento
Copyright © 2019 by Gabriela Barretto de Sá

Diretor Editorial | **Gustavo Abreu**
Diretor Administrativo | **Júnior Gaudereto**
Diretor Financeiro | **Cláudio Macedo**
Logística | **Vinícius Santiago**
Designer Editorial | **Luís Otávio Ferreira**
Assistente Editorial | **Giulia Staar e Laura Brand**
Revisão e Copydesk | **Caroline Rodrigues Cardoso**
Capa | **Wellinton Lenzi**
Imagem da Capa | **Herrmann Wendroth: Tipos humanos típicos da Província de São Pedro do Rio Grande do Sul, 1852. Aquarela. Domínio Público.**
Projeto Gráfico e Diagramação | **Vanúcia Santos**
Conselho Editorial | **Alessandra Mara de Freitas Silva; Alexandre Morais da Rosa; Bruno Miragem; Carlos María Cárcova; Cássio Augusto de Barros Brant; Cristian Kiefer da Silva; Cristiane Dupret; Edson Nakata Jr; Georges Abboud; Henderson Fürst; Henrique Garbellini Carnio; Henrique Júdice Magalhães; Leonardo Isaac Yarochewsky; Lucas Moraes Martins; Luiz Fernando do Vale de Almeida Guilherme; Nuno Miguel Branco de Sá Viana Rebelo; Renata de Lima Rodrigues; Rubens Casara; Salah H. Khaled Jr; Willis Santiago Guerra Filho.**

Todos os direitos reservados.
Não é permitida a reprodução desta obra sem aprovação do Grupo Editorial Letramento.

Dados Internacionais de Catalogação na Publicação (CIP) de acordo com ISBD

S111n	Sá, Gabriela Barretto de A negação da liberdade: direito e escravização ilegal no Brasil oitocentista (1835-1874) / Gabriela Barretto de Sá. - Belo Horizonte : Letramento ; Casa do Direito, 2019. 176 p. : il. ; 15,5cm x 22,5cm. Inclui bibliografia e anexo. ISBN: 978-85-9530-222-8 1. Direito. 2. Direitos humanos. 3. Liberdade. 4. Escravização. 5. Brasil. 6. Século XIX. 7. História do direito. I. Título.	
2019-714	CDD 340 CDU 341.4

Elaborado por Vagner Rodolfo da Silva - CRB-8/9410

Índice para catálogo sistemático:
1. História do direito 340
2. História do direito 94(34)

Belo Horizonte - MG
Rua Magnólia, 1086
Bairro Caiçara
CEP 30770-020
Fone 31 3327-5771
contato@editoraletramento.com.br
editoraletramento.com.br
casadodireito.com

Casa do Direito é o selo jurídico do Grupo Editorial Letramento

Ao meu amado Tio Mundinho *(in memorian)* por todo amor, por sonhar comigo os meus sonhos e pelo esforço para torná-los realidade.

AGRADECIMENTOS

Aos queridos professores Antonio Carlos Wolkmer e Beatriz Gallotti Mamigonian agradeço, respectivamente, pela orientação e co-orientação da pesquisa de mestrado que originou o presente livro. Pelas contribuições apresentadas ao texto original, registro aqui minha gratidão aos professores Airton Seelaender, Vera Regina Pereira de Andrade e Henrique Espada Lima. De forma muito especial agradeço às pesquisadoras Ariana Espíndola e Cássila Cavaler por compartilhar comigo o trabalho de transcrição das fontes aqui analisadas. Pela indicação de fontes e compartilhamento de material de grande valia para a elaboração desta obra, agradeço aos pesquisadores Ricardo Tadeu Silva, Elciene Azevedo, Evandro Piza, Mariana Dias Paes, Fernanda Pinheiro, Mônica Dantas, Vivian Costa, Andrea Slemian, Clissio Santana, Natália Pinto e Vinicius Oliveira. Agradeço ainda aos funcionários do Arquivo Publico do Estado do Rio Grande do Sul (APERS), em especial a Elizabeth Lima por auxiliar e facilitar a minha pesquisa com os arquivos. Por fim, registro que o presente trabalho foi realizado com apoio da Coordenação de Aperfeiçoamento de Pessoal de Nível Superior - Brasil (CAPES).

LISTA DE ILUSTRAÇÕES

Figura 1: Tema do Carnaval Ilê Ayê 2012

Figura 2: Brasileiro acreditando haver reconhecido seu escravo fugido. Paul Harro Harring, 1840, aquarela, São Paulo.

Figura 3: Hermann Rudolf Wendroth. Vista de Porto Alegre. Aquarela, 1852

Figura 4: Lavadeiras na praia do Riacho (hoje rua Washington Luís), década de 1880/1890

Figura 5: Mãe Preta. Lucílio de Albuquerque 1912

LISTA DE TABELAS

Tabela 1: Processos relativos à redução de pessoas livres à escravidão em Porto Alegre disponíveis no APERS

Tabela 2: Processos relativos à redução de pessoas livres à escravidão no Rio Grande do Sul catalogados pelo APERS

LISTA DE ABREVIATURAS E SIGLAS

APERS: Arquivo Público do Estado do Rio Grande do Sul
CCrim: Código Criminal do Império do Brasil

Sumário

APRESENTAÇÃO 17
PREFÁCIO 19
INTRODUÇÃO 29

1. O *CONTEXTO DO TEXTO*: O CRIME DE REDUZIR PESSOA LIVRE À
    ESCRAVIDÃO NO CÓDIGO CRIMINAL DO IMPÉRIO DO BRASIL 49

    1. Por que livre, se preto e pobre? Por que preto e pobre, se livre?
    Precariedade da liberdade e escravização ilegal na sociedade brasileira 50

    1.1.1 Por que branca se escravizada? Por que escravizada se branca? 55

    1.1.2 Escravização ilegal de pessoas livres, pobres e de cor 58

    1.2 Ações de Escravidão e Ações de Liberdade: o judiciário
    entre a reescravização e a manutenção de liberdade 62

    1.3 Por uma tentativa de genealogia da previsão do
    crime de reduzir pessoa livre à escravidão no Código Criminal do Império 68

2. PAPÉIS DE LIBERDADE E PAPÉIS SOCIAIS NA CIDADE DE PORTO ALEGRE: A SAGA PELA LIBERDADE DE PORFÍRIA 81

    2.1. Porfíria, Lino e Leopoldino: três (vezes) libertos 81

    2.2 Discussões acerca da posse da liberdade 107

    2.3 O cativeiro: *extraordinário, enigmático e impossível de explicar-se* 113

3. POR MARES E FRONTEIRAS: AS POSSIBILIDADES DE OCORRÊNCIA DE ESCRAVIZAÇÃO
    ILEGAL E TENTATIVA DE REDUÇÃO DE PESSOA LIVRE À ESCRAVIDÃO NO RIO GRANDE DO SUL 117

    3.1. O Rio Grande na rota do tráfico de escravizados: desembarque ilegal de
    africanos no RS, vigilância e o problema dos africanos livres arrematados (1835) 118

    3.2 O caso do Tramandahy e os africanos
    boçaes apreendidos em Porto Alegre (1852) 128

    3.3 A busca pela liberdade de Pedro e Moysés:
    tentativas de produção de provas por jornais, telegramas e outros escritos 138

    3.4 Peculiaridades do crime de reduzir pessoa livre à
    escravidão ao sul da fronteira: os casos de Carlos (1859) e Agostinho (1874) 151

CONSIDERAÇÕES FINAIS 163
DOCUMENTOS PESQUISADOS 167
REFERÊNCIAS 169

A sociedade civil tem por base primeira a justiça, e, por fim principal, a felicidade dos homens; mas que justiça tem um homem para roubar a liberdade de outro homem, e o que é pior, dos filhos deste homem, e dos filhos destes filhos?

(José Bonifácio D'Andrada e Silva)

Quem cede a vez não quer vitória
Somos herança da memória
Temos a cor da noite
Filhos de todo açoite
Fato real de nossa história

(Jorge Aragão)

É preciso eternizar as palavras
da liberdade ainda e agora...

(Conceição Evaristo)

APRESENTAÇÃO

Desde a publicação das interpretações já clássicas de Caio Prado Júnior, Sérgio Buarque de Hollanda e Gilberto Freyre na década de 1930, a escravidão é central ao entendimento do Brasil e de seus problemas. Ainda assim, até a década de 1970 os historiadores e cientistas sociais tratavam da escravidão como um sistema sem face que incidia sobre a vida das pessoas mas não era influenciado por elas. Deslocada do plano político-institucional para o econômico e social, a história se voltou, nos anos 1980, para investigar o funcionamento da escravidão. Interessavam seus "segredos internos", na expressão adotada por Stuart Schwartz. Como os senhores extraíam trabalho das pessoas sob seu domínio? Qual a frequência e as características da resistência dos trabalhadores e trabalhadoras? Como se diferenciavam as propriedades escravistas no tempo e no espaço? Como interpretar o recurso à violência física? Qual o papel da Igreja diante da escravização, como se traduzia no cotidiano? E qual o papel do Estado? As respostas não seriam encontradas em textos de publicistas, teóricos ou viajantes; a investigação teve que descer aos porões ou subir aos sótãos, onde se encontravam os documentos manuscritos empoeirados. O interesse pelas relações sociais levou ao interesse por fontes primárias tais como processos judiciais, livros de notas, livros de batismo, casamento e óbito, correspondência administrativa, atas de conselhos. Cumpria apurar as ações e intenções dos indivíduos, reconhecer o protagonismo dos sujeitos na história. Tal engajamento abriu temáticas antes inexploradas e causou um crescimento vertiginoso nas pequisas. Muito do que se considerava pacífico, entendido, foi revisitado.

Entre essas temáticas está o problema da liberdade. Desde a década de 1970 que historiadores e historiadoras se debruçam sobre as ocorrências de alforrias, buscando o perfil dos libertandos e as negociações que resultavam na liberdade. Mais tarde, o foco recaiu sobre as ações cíveis em que as pessoas escravizadas requeriam sua liberdade nos tribunais. Os perfil dos pleiteantes, os argumentos adotados de lado a lado das contendas e as circunstâncias dos processos foram investigados em muitos estudos

Brasil afora. Os significados da liberdade apontaram para autonomia, cidadania e mobilidade. Mas, nos últimos tempos, os estudos apontaram para as restrições à liberdade assim como para as limitações à mobilidade social da população de origem africana no século XIX.

O trabalho de Gabriela Barretto de Sá é evidência da aproximação crescente e do diálogo fértil entre juristas e historiadores. A investigação que resultou nesse livro partiu do interesse da autora pelo protagonismo dos sujeitos na busca da liberdade através de ações judiciais. Sua preocupação com as injustiças e com a desigualdade, no presente ou no passado, a fizeram abraçar a questão da escravização ilegal no século XIX. Trabalho cuidadoso de pesquisa em processos criminais baseados no artigo 179 do Código Criminal do Império de 1830, o livro mapeia o tema de forma abrangente e pioneira. Ao fazê-lo, dialoga com historiadores e estudiosos do direito que se debruçam sobre a zona de cinza entre a escravidão e a liberdade. Devolve imprevisibilidade ao processo histórico, apura responsabilidades e avalia as margens de atuação dos sujeitos. A história contada nesse livro é de impunidade e conivência com a ilegalidade, mas essas têm responsáveis conhecidos e são enraizadas no tempo e no espaço. Na história social do direito, o destino não é inevitável e é resultado de conflitos e constantes negociações. Gabriela Barretto de Sá fez um excelente trabalho ao jogar luz sobre o fenômeno da escravização ilegal no Rio Grande do Sul e, sobretudo, na atuação dos agentes do Estado na aplicação da lei que deveria proteger as vítimas mas acabou inocentando os criminosos. É de leitura importantíssima para aqueles interessados no direito brasileiro no século XIX, no direito penal e na história da população de origem africana. Para todos os que estejam engajados nas lutas antirracistas e por cidadania e dignidade.

A nova geração de historiadoras e historiadores do direito promete mais desses trabalhos criteriosos e engajados. É um sopro de ar fresco, de ideias novas, num diálogo interdisciplinar por vezes difícil. Só nos resta incentivar e parabenizar pela disposição e coragem.

Beatriz Gallotti Mamigonian
(História/UFSC)

PREFÁCIO

O poder do silêncio: os senhores da lei e as fronteiras dos direitos

Evandro Piza Duarte[1]

O texto de Gabriela Barretto de Sá insere-se no debate sobre o direito na América Latina que pretende, desde o giro decolonial, contribuir para a critica do poder, do saber, do ser e do fazer jurídico.[2] A tarefa de descolonizar o direito é obra coletiva. A colonialidade do direito necessita ser pensada a partir de teorias críticas da raça e, ao mesmo tempo, é indispensável compreender tais teorias integradas à crítica da colonialidade nos diversos campos do conhecimento (da filosofia, da sociologia, da historiografia, da economia etc.)[3]

---

1   Professor de Processo Penal e Criminologia na Universidade de Brasília (UnB), Mestre em Direito pela UFSC, Doutor em Direito pela UnB, integrante do Centro de Estudos em Desigualdade e Discriminação da (CEDD/FD/UnB) e do Grupo de Investigación sobre Igualdad Racial, Diferencia Cultural, Conflictos Ambientales y Racismos en las Américas Negras-IDCARÁN, e coordenador do Núcleo de Estudos Maré sobre Cultura Jurídica e Atlântico Negro.

2   ARIZA SANTAMARIA, Rosembert. Descolonização jurídica nos Andes. In: Antonio Carlos Wolkmer; Ivone Lixa. (Org.). *Constitucionalismo, descolonización y pluralismo jurídico en América Latina*. Aguas Calientes\Florianopolis: CENEJUS\UFSC-NEPE, 2015.

3   A Teoria Crítica da Raça, como movimento intelectual de síntese e superação da teoria crítica do direito, nos anos 1990, dialogou com um amplo espectro de perspectivas críticas do pensamento negro e de pensadores da diáspora africana, não se limitando à construção de um novo cânone acadêmico. Ela resultou de uma confluência de experiências, saberes marginais e perspectivas situadas de pessoas que vivenciaram os efeitos da escravidão e enfrentam as consequências do racismo. A Teoria Crítica da Raça ocupa-se em compreender e transformar as múltiplas dimensões do poder nas sociedades onde elas foram determinantes da constituição de hierarquias sociais racializadas. CRENSHAW, Kimberlé. Critical Race Studies: the first decade: critical reflections, or "a foot in the closing door". *UCLA Law Review*, v. 1343, p.

A primeira chave, apresentada por Lélia Gonzalez, para compreender essa relação é de que a igualdade de todos "perante a lei assume um caráter nitidamente formalista em nossas sociedades." Isso porque "herdeiras históricas das ideologias de classificação social (racial e sexual), assim como das técnicas jurídicas e administrativas das metrópoles ibéricas, as sociedades latino-americanas não podiam deixar de se caracterizarem como hierárquicas."[4]

A segunda, como constatou Dora Lúcia de Lima BERTÚLIO, é de que:

> A invisibilidade com que o negro, suas condições de vida, direitos, agressões assassinatos sofridos na Brasil é visto por toda a sociedade, quer branca, quer negra, é o ponto nevrálgico das relações raciais neste país. O discurso do silêncio, da ignorância e da negação dos conflitos raciais internos é processado nas esferas públicas brasileiras com ênfase na organização da ações estatais e no Direito, em conformidade com o imaginário social racista de ser e pertencer a uma sociedade branca. Este imaginário social de ser branco é, obviamente, resultado da introjeção coletiva e institucionalizada da inferioridade do elemento negro e da "responsabilidade" negra pelas desventuras do país.[5]

De que modo o formalismo do direito interage com a invisibilidade da população negra?

Neste contexto, a pesquisa historiográfica sobre ocorrências do crime de redução de pessoas livres à escravidão, a partir de documentos judiciais da metade do século XIX, localizados no Arquivo Público do Estado do Rio Grande do Sul, desenvolvida por Gabriela Barretto de Sá surge como uma ferramenta capaz de desestabilizar os mitos construídos na modernidade e na historiografia oficial dos Estados Nacionais, comprometida com o apagamento ou a normalização das lutas sociais existentes em torno dos processo de regulamentação social.

1-36, 2002. YOSSO, T. et al. Critical Race Theory in Chicana/O Education. *National Association for Chicana and Chicano Studies Annual Conference*, p. 89-104, 2001. ZUBERI, Tukufu. Teoria crítica da raça e da sociedade nos Estados Unidos. *Cadernos do CEAS*, n. 238, p. 464-487, 2016.

4   GONZALEZ, Lélia. Por um feminismo Afro-latino-americano. In: *Caderno de Formação Política do Círculo Palmarino* n. 1. Brasil, 2011, p. 15.

5   BERTÚLIO, Dora Lucia de Lima. *Direito e relações raciais: uma introdução crítica ao racismo*. Dissertação de mestrado apresentada ao curso de pós-graduação em Direito da Universidade Federal de Santa Catarina (UFSC), 1989, p. 144.

O denso estudo aqui proposto contribui para a compreensão do modo como se articulam, especialmente no Brasil, norma e racismo, demonstrando como a crítica historiográfica pode e deve ser usada na desconstrução das representações dominantes do papel do direito na reprodução de um padrão local de relações raciais.

As hierarquias das relações raciais - as violações cotidianas e institucionais de direitos dos supostos não-sujeitos que são representados como o "Outro" racializado (negro/índio) e a estrutura de privilégios dos sujeitos identificados com os sujeitos universais da branquidade – e o silêncio dos juristas sobre os direitos dos "Outros" integram as dimensões de um mesmo falso problema de nossas academias coloniais: os padrões de relações raciais no Brasil e alhures. Insiste-se em estudar como "brancos" interagem com "negros", ou como "mestiços" interagem com "brancos", ou como o "grupo racial x" interage com o "grupo racial y". E, especificamente, pretende-se repetir, à exaustão, a suposta distinção entre padrões de relações raciais entre EUA e Brasil.

Boa parte dos exemplos de integração ou segregação racial tratam do direito, do Estado, das instituições jurídicas e sociais, mas escondem a historicidade das disputas por direitos, temporariamente vencidas (ou perdidas) ao longo da história "nacional". A ideia de que se poderia estudar relações raciais sem estudar o direito (fenômeno político), ocultando a dimensão do poder, decorre certamente do modo como se organizou o campo da antropologia social e, posteriormente, da sociologia das relações sociais, isolando, e desse modo construindo falsamente, um fenômeno, "as relações entre as raças", como se alguém numa sociedade pudesse ser branco ou negro sem que houvesse ali estruturas, discursos e práticas de poder que constroem esses categorias.[6]

O texto de Gabriela, em outra direção, sugere como representações hegemônicas das relações raciais não se sustentam quando apresentamos na história as trajetórias de sujeitos concretos na luta por direitos ou na manutenção de privilégios.

Somos o país do carnaval e do futebol? Para que possamos ser esse pais integrado, precisamos esquecer que há pouco tempo os negros eram impedidos de fazer festas nas ruas ou que os jogadores negros tinham de

---

6   A propósito, Kabenguele Munanga insistiu na impossibilidade de se atribuir à natureza a existência da categoria "mestiço", pois ela decorria de uma visão biologizante da raça, construída no campo científico. Isso não é pouco num campo em que se acredita que "cruzamentos" entre indivíduos de "raças" distintas sejam capazes de construir um novo sentido de relações raciais. MUNANGA, Kabengele. *Rediscutindo a Mestiçagem*. Belo Horizonte: Autêntica, 2004.

usar pó de arroz nos clubes.⁷ Somos o país que não conheceu segregação? Somente se esquecermos a segregação entre clubes sociais brancos e negros ou a denúncia de impedimento à entrada em hotéis, restaurantes e outros espaços de lazer.⁸ Somos o país em que não há segregação no mercado de trabalho? Somente se esquecermos que até os anos de 1950 os anúncios de jornal faziam menção aberta à raça/cor/etnia.⁹

De fato, entre todas as disputas na história, há uma que a estrutura de forma singular: a disputa por narrar as estratégias (sociais e jurídicas) de constituição das relações de hierarquia social racializadas e dos padrões da cultura jurídica que é responsável por forjar uma gramática para a inteligibilidade do direito e dos sujeitos (e não sujeitos de direito). Logo, a memória sobre as disputas sociais e as disputas por direitos deve esquecer de todas as denúncias realizadas pelos negros, de todas as lutas dos negros, de todas as promessas feitas aos negros em nossa história social.

Nesse sentido, esse estudo pioneiro insere-se numa profícua corrente do pensamento historiográfico brasileiro que, empenhada na redescoberta das fontes, negou as estratégias de silenciamento acadêmico sobre o passado escravocrata e sobre as personagens das lutas sociais no cotidiano da escravidão. Como a própria autora descreve, ao narrar a sua aproximação com o tema objeto de estudo, o texto faz parte da constelação de trabalhos que procura explorar novas ferramentas e perspectivas sobre o passado escravista, rompendo com os modelos, sensos e lugares comuns. Dialogando com pesquisadores como Luiz Felipe Alencastro, Sidney Chalhoub, Rebeca Scott e Keila Grinberg, o livro busca dar novos contornos aos sentidos de liberdade na vida dos povos da diáspora africana, procurando entender como esse conceito foi balizado e disputado em contextos nos quais a escravidão

---

7   SILVA, Nelson do Valle. Extensão e Natureza das Desigualdades Raciais no Brasil. In: HUNTLEY, Lynn; e GUIMARÃES, Antônio Sérgio Alfredo (orgs.). *Tirando a máscara: ensaios sobre o racismo no Brasil: ensaios sobre o racismo no Brasil*. São Paulo: Paz e Terra, 2000.

8   NASCIMENTO, Abdias do; e NASCIMENTO, Elisa Larkin. Reflexões sobre o movimento negro no Brasil, 1938-1997. In: HUNTLEY, Lynn; e GUIMARÃES, Antônio Sérgio Alfredo (orgs.). *Tirando a máscara: ensaios sobre o racismo no Brasil: ensaios sobre o racismo no Brasil*. São Paulo: Paz e Terra, 2000.

9   DAMASCENO, C. M. Em casa de enforcado não se fala em corda: notas sobre a construção social da "boa" aparência no Brasil. In: HUNTLEY, Lynn; e GUIMARÃES, Antônio Sérgio Alfredo (orgs.). *Tirando a máscara: ensaios sobre o racismo no Brasil: ensaios sobre o racismo no Brasil*. São Paulo: Paz e Terra, 2000.

e o racismo eram a norma. Mais do que isso, ao voltar os olhares para o Sul do Brasil, rompe com uma percepção arraigada de que a presença negra centrou-se exclusivamente nas regiões Nordeste e Sudeste, bem como coloca no centro do debate as conexões atlânticas da região com o tráfico de africanos, o enriquecimento baseado na exploração de mão de obra escrava e as resistências empreendidas pela população negra.

Ao mesmo tempo, propõe um novo problema para o paradigma hegemônico das relações raciais, ao desnaturalizar outra noção pouco questionada: a fronteira. A fronteira, como demonstra esse belo estudo não é uma cisão capaz de isolar as dimensões estruturais do colonialismo na construção da ideia moderna de raça. Ao invés disso, a desconstrução da fronteira convida ao reencontro da pluralidade da história e a descoberta dos fluxos de insurgência, resistência, dos contra-discursos, ao mesmo tempo em que sugere as semelhanças nas formas de opressão e nas estratégias do poder.

Na tentativa de visibilizar as trajetórias da população negra, constantemente apagadas pela "memória branca" da região Sul, e suas respectivas vinculações com o mundo jurídico, a autora procura, inicialmente, contextualizar o surgimento do artigo 179 no Código Criminal do Império, no qual estava a previsão do crime de reduzir pessoa livre à escravidão. Com essa genealogia, o texto problematiza a dicotomia escravidão e liberdade, demonstrando a situação de precariedade das pessoas negras livres na sociedade brasileira do século XIX e como o direito foi agenciado pelos diferentes atores.

Dando vida a esses personagens, Gabriela Barretto de Sá traz o caso da parda Porfíria e seus filhos Lino e Leopoldino na cidade de Porto Alegre, em 1849, por meio do processo criminal de redução à escravidão. A partir da reconstituição do caso, o texto explora as diversas zonas turvas, negociações, versões, disputas e discursos sobre a ideia de liberdade e aponta como os influxos da sociedade racista e escravagista moldavam o funcionamento do sistema penal. Dá, assim, materialidade e historicidade às engrenagens raciais que entrelaçam raça, direito e poder na conformação do controle social, das dinâmicas urbanas e dos lugares da cidadania.

Somado ao caso de Porfíria, outros processos jurídicos são analisados na tentativa de fornecer um panorama dos casos passíveis de aplicação do artigo 179, especialmente para evidenciar o papel da província sulista perante o tráfico ilegal de escravos, a dinâmica entre legislação nacional e africanos livres, a situação de fronteira da região e as respectivas consequências para as relações diplomáticas entre Brasil e Uruguai, os imaginários de liberdade e temor da época e a conformação da prática jurídica pelos imperativos raciais do poder branco.

Assim, trazendo o Rio Grande do Sul para o centro da história atlântica da escravidão e da liberdade, a autora fornece uma paisagem das diferentes estratégias utilizadas por pessoas negras para rejeitar o destino do cativeiro, bem como demonstra a conformação escravocrata e racista do sistema jurídico da época. A impunidade de ontem dá uma dimensão histórica da persistente gestão racial das legalidades e ilegalidades, dos direitos e não-direitos no Brasil, a despeito das (e com) previsões legais.

Neste sentido, ao demonstrar como o direito é agenciado, em seu silêncio e em suas permissões, o texto dá sentido a proposta de Michel Foucault de pensar a punição não como negatividade, mas também como uma positividade, capaz de produzir, ao invés de simplesmente impedir algo de acontecer. Mas o que significa isso em termos concretos, no texto de Gabriela Barretto de Sá?

A Criminologia Crítica ressaltou o caráter seletivo dos sistemas de justiça e sua compreensão.[10] Georg Rusche e Otto Kirchheimer[11] propuseram que a punição se comportava conforme as necessidades do grupo dominante em ocupar (ou não) a mão-de-obra dos infratores na estrutura de produção. Crueldade ou humanidade eram apenas reflexos respectivamente dessa desnecessidade ou necessidade, respectivamente. Todavia, de modo secundário, defenderam que o sistema penal buscaria "combater o crime" não em todos os estratos, mas sobretudo, nos estratos sociais desprivilegiados e, no mesmo passo, que poderia haver uma "imunização de comportamentos pelo sistema de sanções", ou seja, o uso do sistema de penas pecuniárias poderia representar um sistema de imunidades para determinados grupos sugerindo uma permissão para práticas ilícitas. É o que acontecia com capitalistas burgueses que feriam as leis trabalhistas. Como a lesão da lei era lucrativa e a sanção consistia apenas em leve indenização, os capitalistas criminosos administravam um negócio com algum risco, mas vantajoso, pois, no cálculo econômico, deixar de pagar os direitos trabalhistas valia à pena. Tinham ainda a seu favor a ineficiência e a corrupção públicas.

Por sua vez, para Michel Foucault, a penalidade seria "uma maneira de gerir as ilegalidades, de riscar limites de tolerância, de dar terreno a alguns, de fazer pressão sobre outros, de excluir uma parte, de tomar útil outra, de neutralizar estes, de tirar proveito daqueles." A "gestão diferencial das

---

10 BARATTA, Alessandro. *Criminologia Crítica e Crítica do Direito Penal. Introdução à Sociologia do Direito Penal.* Rio de Janeiro: Revan, 1999.

11 RUSCHE, Georg & KIRCHHEIMER, Otto. *Punição e Estrutura Social.* Rio de Janeiro: Freitas Bastos, 1999.

ilegalidades por intermédio da penalidade" faria parte dos mecanismos de dominação. "Os castigos legais" de "uma estratégia global das ilegalidades."[12]

O que este belo livro traz à tona, nos parece, é uma dimensão constitutiva da racialização do direito por meio da "gestão das ilegalidades".

Primeiro, por mais óbvio que pareça, mas é preciso repetir: para ser reescravizado era necessário possuir uma marca que pudesse ser lida num código capaz de ser comunicado e aceito pelos participantes do processo judicial, das demandas institucionais, das leituras cotidianas sobre "ser escravo". Porém, como temos enfatizado, essa gramática se constitui no curso das práticas sociais e jurídicas que constituem e reconstituem a própria gramática. Qual o significado de uma prática jurídica e social que garante a impunidade dos escravizadores? Ela (re)constitui o sentido de que ser negro é ser escravo, que a liberdade de um negro pode ser frágil diante da violência do Estado e dos interesses privados. O trânsito jurídico e social entre raça (ser identificado como negro) e status social (ser livre ou ser escravo) é um contínuo que caminha para a negação do direito à liberdade, (re)constituindo uma ontologia (diferença = desigualdade).

No pensamento dominante, ainda quando marcado por posturas críticas, o Brasil seria diferente do ponto de vista de suas relações raciais porque o direito aqui teria sido usado de forma distinta. As evidências da contribuição do direito nos processos de racialização são produzidas mediante a busca de regras explícitas de racialização, tal como na Alemanha Nazista. O modo de comprovação de que Estado e direito seriam racistas, e de que havia racismo em uma sociedade, seria a descoberta de normas explicitas ou de motivações racistas explícitas na aplicação de leis genéricas. A raça, portanto, existiria por meio da norma jurídica que, em seu conteúdo, criaria padrões de tratamento diferenciado: regulando casamentos, controlando a imigração, impedindo o acesso etc.

Como se percebe, na leitura do texto da autora, a racialização da escravidão pode ser produzida por um sistema de imunização presente nas práticas jurídicas e sociais que, ao prever a sanção, ao revés, garantia a continuidade da escravidão negra. Gabriela traz à tona uma parte dessas práticas jurídicas responsáveis por tornar legal, no cotidiano do século XIX, a "escravidão para os negros". Havia tantas outras, como as ações de liberdade, os regulamentos das manumissões, as normas de abolição gradual etc. De tudo, não deveria restar dúvida, no Brasil a "lei", entendida

---

12 FOUCAULT, Michel. *Vigiar e Punir: nascimento da prisão*. Trad. Raquel Ramalhete. Petrópolis, RJ: Vozes, 2011, p. 226-227.

como sistema jurídico, tratou sim da escravidão negra e, para ser mais preciso, o fundamento principal do sistema jurídico foi, e parece continuar sendo, a escravidão de pessoas que são racializadas, negras e indígenas.

O texto de Gabriela Baretto de Sá contribui para demonstrar como o racismo revela formas pelas quais o direito se constitui em nossa região, apresentando as articulações entre dimensão normativa e dimensão institucional. Ele permite registrar formas de racialização por meio de uma estratégia que podemos chamar de suspensão do debate jurídico, instaurado por meio de um silêncio eloquente dos juristas sobre os fatos. Logo, uma das formas de racializar é não judicializar ou não tornar jurídico, para permitir que a raça se estabeleça como o padrão de decisão.

De fato, o silêncio é imprescindível para o racismo brasileiro. Ele estrutura a prática acadêmica contra a qual a autora se insurge, ao revelar os personagens vivos de uma história, apenas aparentemente, morta.

Segundo, pesquisas como a autora, articuladas não apenas na fronteira entre o normativo e o institucional, mas também nas fronteiras territoriais, deveriam ocupar um lugar privilegiado nos estudos sobre história da escravidão (e das relações raciais).

Como reconheceu Thomas Skidmore, em seu texto *EUA bi-racial vs. Brasil multirracial: O contraste ainda é válido?*, a distinção entre dois modelos de relações raciais está sendo paulatinamente superada. Isso porque, num plano mais amplo, ela se estrutura sobre ideologias que estavam "por trás dos sistemas de classificação racial e interagem com a auto-imagem da elite e a projeção dessa imagem com propósitos nacionalistas".[13] As distinções foram, portanto, construídas na sociedade civil e representaram estratégias de hegemonia cultural dessas elites.

Ademais, os trabalhos que consolidaram a ideologia da democracia racial como matriz explicativa das relações raciais estavam marcados mais numa leitura qualitativa das duas histórias do que em dados, sobretudo para o caso brasileiro. Ou seja, no plano institucional, a voz e a experiência de pesquisadores brancos foram decisivas (e ainda são) para comunicar exemplos cotidianos e pontos de vista sobre como interpretar a realidade. A "descoberta" baseava-se, inicialmente, na tentativa de generalizar o que seria o Brasil do ponto de vista "racial", a partir de pesquisas feitas no Nordeste. Porém, o fato decisivo para a formulação dessa conclusão era

---

13 SKIDMORE, Thomas. EUA bi-racial vs. Brasil multirracial: o contraste ainda é válido?. *Novos Estudos CEBRAP*, nº 34, novembro de 1992, p. 61.

que: "Devido à insuficiência de dados quantitativos disponíveis para uma análise estatística rigorosa, os pesquisadores puderam raciocinar somente com base nos achados provenientes de sua 'metodologia informal'".[14]

Enfim, a hegemonia nas representações de uma distinção brasileira sobre as relações raciais mais "amenas" no Brasil e de centralidade da "questão social" foi produzida num intrincado jogo de relações de poder acadêmico, demandas por autorrepresentação de elites nacionalistas e modelos de pesquisa acadêmica.

Em comum, esse jogo excluiu duas perspectivas centrais. De um lado, a perspectiva de intelectuais que, em suas experiências cotidianas, vivenciam o racismo e, portanto, teriam predisposição para levar a serio uma pergunta sobre o impacto do racismo no Brasil. Ao invés, disso, prevaleceu (e prevalece) a experiência do privilégio, do lucro cotidiano do racismo, dos filhos e netos das elites escravistas. De outro lado, esses estudos estavam marcados pela ideia de síntese, pela busca hegeliana do princípio explicativo que estruturaria uma totalidade. Logo, excluíam as dimensões locais e translocais da escravidão, as disputas por direitos, as lutas vencidas, os personagens anônimos de uma contra-história oficial. A fronteira, realidade jurídica e institucional, é um dispositivo de diferenciação que também produz uma ilusão: ela pressupõe, e incita, a pensar em totalidades contidas e apenas, formalmente, conectadas, diferenciadas por falsas dualidades (interior versus exterior). Faz-se da fronteira (um conjunto heterógeno, contraditório e poroso de práticas), as paredes de "sistemas" responsáveis por definir as lógicas internas.

Neste contexto, a autora desvenda a historicidade das fronteiras e mostra as dimensões contraditórias entre território, escravidão, raça e cidadania, sugerindo novas comparações em outras escalas, distintas do nacional. Neste sentido, seu estudo apresenta como a fronteira se estrutura como um espaço de constituição do poder, ao invés de um simples dado, a exemplo dos citados papéis de batismo forjados, que, ao legitimar a escravidão ilegal a partir da mudança do país de nascimento, especializavam zonas de liberdade, novas relações sociais e o espectro de atuação do sistema jurídico. Mais do que isso, os casos analisados desafiam a nossa imaginação histórica, acostumada a pensar em termos estritamente nacionais, na medida em que evidenciam fluxos e dinâmicas transfronteiriças, sobretudo

---

14   SKIDMORE, Thomas. EUA bi-racial vs. Brasil multirracial: o contraste ainda é válido?. *Novos Estudos CEBRAP*, nº 34, novembro de 1992, p. 52.

em um momento histórico no qual a fiscalização e o estabelecimento dos limites nacionais eram absolutamente precários.

Como temos proposto,[15] o lugar do negro na história brasileira (e por conseguinte de sua relação com o direito) insere-se numa "estrutura de verdade"[16] que impõe uma forma de narrar e de impedir outras narrativas.[17] A demarcação desse espaço de negação do negro na sociedade brasileira somente é possível com uma ação contínua sobre as memórias coletivas, cotidianas e populares. Mas como impedir a memória? Como demonstrou Paolo Rossi,[18] a evocação e o apagamento não podem ser tratados como fenômenos da natureza.

O apagamento da memória corresponde a uma estrutura de verdade no direito no presente. De modo concreto, hoje nossos tribunais afirmam que não é possível judicializar as formas cotidianas pelas quais as pessoas negras são racializadas, o racismo institucional, por exemplo. No passado, criaram estratégias discursivas para impedir as demandas por liberdade e igualdade. As personagens trazidas pela autora fornecem outro testemunho para rasurar esse silêncio.

Enfim, a obra que tenho a alegria de prefaciar propõe um generoso convite à reflexão de múltiplas questões. É impossível pensar as relações raciais fora da historicidade da própria construção da hierarquização de humanidade. Ao mesmo tempo, é indispensável substituir a raça pelos sujeitos concretos em suas vozes e suas lutas sociais. No mesmo passo, quando olhamos para o não dito na história, necessitamos descortinar, no presente, os sujeitos silenciados. O olhar de Gabriela Barretto de Sá nos arremessa para o futuro, pois não teme falar dos silêncios do poder e das lutas sociais em torno de sua perpetuação.

---

15 DUARTE, Evandro C. Piza, SCOTTI, Guilherme e CARVALHO NETTO, Menelick de. A queima dos arquivos da escravidão e a memória dos juristas: os usos da história brasileira na (des)construção dos direitos dos negros. *Universitas JUS*, v. 26, n. 2, pp. 23-39, 2015.

16 ROSSI, Paolo. *O passado, a memória, o esquecimento: seis ensaios da história das ideias*. Trad. Nilson Moulin. São Paulo: UNESP, 2010, p. 21.

17 AGUIAR, Thaís. A história como recurso da mimese política brasileira. *Sociedade e Cultura*, UFG, vol. 10, nº 2, pp. 227-239, 2007.

18 ROSSI, Paolo. *O passado, a memória, o esquecimento: seis ensaios da história das ideias*. Trad. Nilson Moulin. São Paulo: UNESP, 2010.

INTRODUÇÃO

> *Emancipate yourselves from mental slavery.*
> *None but ourselves can free our minds*[19].
>
> (Robert Nesta Marley)

No dia 4 de março de 2010, em audiência pública realizada no Supremo Tribunal Federal para discutir a constitucionalidade da política de acesso ao ensino superior, o historiador Luiz Felipe Alencastro (2010, p. 03), na qualidade de *amicus curiae*[20], apresentou parecer em que defendeu que as políticas de ações afirmativas de responsabilidade do Estado brasileiro decorrem da reparação da violência, originária e continuada, vinculada à presença da população negra em território brasileiro[21].Apresentado para o órgão da cúpula do poder judiciário nacional, o parecer apontou como "pecado original" da sociedade e da ordem jurídica brasileira "o conluio geral" e o "pacto implícito em favor da violação da lei", garantindo a impunidade do tráfico de africanos e a consequente conivência com a propriedade ilegal de aproximadamente 760.000 mil[22] indivíduos importados por contrabando após a lei de 7 de novembro de 1831, que proibiu o comércio atlântico de africanos.

---

19 "Emancipem-se da escravidão mental. Ninguém além de nós mesmos pode libertar nossa mente" (Tradução nossa).

20 "'Amigo da Corte'. Intervenção assistencial em processos de controle de constitucionalidade por parte de entidades que tenham representatividade adequada para se manifestar nos autos sobre questão de direito pertinente à controvérsia constitucional. Não são partes dos processos; atuam apenas como interessados na causa". SUPREMO TRIBUNAL FEDERAL. **Glossário Jurídico**. Disponível em: <http://www.stf.jus.br/portal/glossario/verVerbete.asp?letra=A&id=533>. Acesso em: 3 fev. 2014.

21 Para mais informações sobre o sistema de cotas nas universidades, ver DUARTE, Evandro C. Piza; BERTULIO, Dora L. L.; SILVA, Paulo V. B. **Cotas Raciais no Ensino Superior:** entre o jurídico e o político. Curitiba: Juruá, 2008; SANTOS, Jocélio Teles dos (Org.). **O impacto das cotas nas universidades brasileiras (2004-2012)**. Salvador: Centro de Estudos Afro-Orientais, 2013.

22 Database da Universidade de Harvard *apud* ALENCASTRO, 2010, p. 01.

Aqui, convidamos o leitor a rememorar que, em algum momento da história do Brasil, existiu uma lei que restou conhecida para a posteridade como "lei para inglês ver"[23]. A lei de 7 de novembro de 1831 proibiu o tráfico negreiro e declarou a liberdade de todos os escravos vindos de fora do Império depois daquela data, impondo penas aos importadores. Diante da acintosa permanência de impunidade da conduta criminosa que a lei buscava regular, em 4 de setembro de 1850, foi promulgada a Lei n° 581 que, em seu art. 4°, considera como pirataria a importação de africanos e estabelece medidas para a repressão do tráfico de escravos no território do Império.

Essa lei estabelece a punição de tal prática através das penas declaradas no art. 2° da lei de 7 de novembro de 1831, que previa que "os alegados proprietários desses indivíduos livres eram considerados sequestradores, incorrendo nas sanções do artigo 179 do Código Criminal de 1830". O referido artigo do Código Criminal regula o crime de redução de pessoa livre à escravidão e impõe penas aos responsáveis pelo cativeiro ilegal:

> Art. 179. Reduzir à escravidão a pessoa livre que se achar em posse da sua liberdade.

Penas: de prisão por três a nove anos, e de multa correspondente à terça parte do tempo; nunca, porém, o tempo de prisão será menor que o do cativeiro injusto, e mais uma terça parte.

Com base no crime previsto no artigo 179 do Código Criminal do Império, a ilegalidade do cativeiro de pessoas livres ou libertas foi invocada em defesa da liberdade ao longo do século XIX e cumpriu papel central entre os argumentos utilizados pela fase mais radical da campanha abolicionista ao longo da década de 1880. Uma leitura da realidade da propriedade escrava no Brasil, no que diz respeito à propriedade ilegalmente exercida e à ocor-

---

23 Apesar da ineficácia imediata no sentido de efetivar a proibição do tráfico de escravizados, a expressão popular minimiza a complexidade da questão, especialmente se considerarmos o uso da Lei de 7 de novembro de 1831 como fundamento jurídico evocado em defesa da liberdade em processos judiciais. No capítulo 3, apresentaremos estudos de casos que demonstram a importância da referida lei como fundamento para defesa da liberdade de pessoas ilegalmente mantidas em cativeiro. Neste sentido, ver MAMIGONIAN, Beatriz; GRINBERG, Keila. Dossiê – "Para inglês ver"? Revisitando a lei de 1831. **Estudos Afro-Asiáticos**, ano 29, jan-dez, 2007; CHALHOUB, Sidney. **Visões da liberdade**: uma história das últimas décadas de escravidão na Corte. São Paulo: Cia. das Letras, 1990; COTA, Luiz Gustavo Santos. Não só "para inglês ver": justiça, escravidão e abolicionismo em Minas Gerais. **Revista História Social**, Campinas, n. 21, p.65-92, 2011.

rência costumeira e impune do crime de reduzir pessoa livre à escravidão, pode ser encontrada na obra clássica O Abolicionismo, de Joaquim Nabuco:

> Mas, mesmo perante a legalidade estrita, ou perante a legalidade abstraindo da competência e da moralidade da lei, **a maior parte dos escravos entre nós são homem livres criminosamente escravizados.** Com efeito, **a grande maioria desses homens, sobretudo no Sul**, ou são africanos, importados depois de 1831, ou descendentes destes. (NABUCO, 1988, p.83,grifo nosso).

A despeito do crime previsto no artigo 179 do Código Criminal do Império, o "conluio geral" da sociedade escravista do século XIX acerca do cativeiro ilegal de africanos e afrodescendentes terminou por firmar as bases do "princípio da impunidade e do casuísmo da lei que marca nossa história e permanece como um desafio constante aos tribunais" (ALENCASTRO, 2010, p.03). Ou seja, para Alencastro, a conivência com a impunidade verificada no século XIX está associada aos atuais problemas encontrados na justiça brasileira no que concerne à defesa dos direitos da população afrodescendente.

Tendo em vista a reconhecida relevância e recorrência da prática de escravização ilegal de pessoas livres no Brasil escravista, analisamos o crime de reduzir pessoa livre à escravidão, previsto no art.179 do Código Criminal do Império, através dos inquéritos e das ações criminais apresentadas ao poder judiciário do Rio Grande do Sul entre as décadas de 1830 a 1870, buscando verificar a atuação da justiça da época frente ao embate entre o direito à liberdade das pessoas de cor e à propriedade ilegal.

Situada na área da História Social do Direito, nossa abordagem buscou resgatar a indeterminação inerente à dinâmica das relações sociais, considerando a diversidade de possibilidades de atuação dos sujeitos em um determinado momento histórico. Para tanto, realizamos uma leitura crítica da história do Direito, reconhecendo-o como "fenômeno-sociocultural, inserido num contexto fático, produzido dialeticamente pela interação humana através dos tempos" (WOLKMER, 2012, p. 19).

Caracterizada pela análise limitada diante dos fenômenos históricos vivenciados pela sociedade, a historiografia jurídica tradicional é legatária da epistemologia monocultural que privilegia os ideais de universalismo, linearidade e evolucionismo da realidade social. A partir deste viés, o Direito, ao se debruçar sobre a sua história, o faz a partir de abordagens legalistas, abstratas e eruditas (WOLKMER, 2012, p.33) incapazes de dar conta da complexidade das relações jurídico-sociais da sociedade brasileira.

Como alternativa para este tipo de abordagem, o professor Antonio Carlos Wolkmer (2012, p.32) compartilha da proposta formulada por Alejandro Rosillo Martinez (2011, p.27) quanto à necessidade de se realizar uma historiografia das ausências e das emergências, resgatando as vozes silenciadas pela história dominante. Daí a preocupação que assumimos com o desenvolvimento do estudo de uma

> historicidade no Direito, engendrada e articulada na dinâmica da vida produtiva, da estrutura de poder e das relações sociais, tornando-se essencial revelar a compreensão do que possa significar as formas simbólicas e reais da cultura jurídica, dos operadores legais e das instituições jurídicas, num contexto interdisciplinar. (WOLKMER, 2008, p.150).

Também, no sentido de reivindicar a função crítica da história, Antonio Manuel Hespanha (2009, p.28) destaca a necessidade de romper com a visão progressista e naturalizadora da História do Direito e atentar para a complexidade do processo social de produção do próprio Direito:

> Contudo, o direito em sociedade não consiste apenas em considerar o papel do direito no seio de processos sociais (como o da instauração da disciplina social), mas também em considerar que a própria produção do direito (dos valores jurídicos, dos textos jurídicos) é, ela mesma, um processo social. Ou seja, algo que não depende apenas da capacidade de cada jurista para pensar, imaginar e inventar, mas de um complexo que envolve, no limite, toda a sociedade, desde a organização da escola, aos sistemas de comunicação intelectual, à organização da justiça, à sensibilidade jurídica dominante e muito mais. (HESPANHA, 2009, p.38).

A contribuição da história social enquanto âmbito de estudo para a pesquisa em História do Direito se verifica, sobretudo, pela possibilidade de análise das noções de justiça e princípios de direitos manejados pelas partes envolvidas nos conflitos. A partir deste enfoque, é possível desenvolver investigações que se situem além das inquietações clássicas acerca das "origens de concepções e doutrinas jurídicas" e busquem compreender o "modo como diferentes direitos e noções de justiça se haviam produzido e como haviam entrado em conflito ao longo da história brasileira" (MENDONÇA; LARA, 2006, p.11).

Principalmente através do trabalho com fontes judiciais, a pesquisa em História Social do Direito busca verificar o universo de relações entre as partes e o poder judiciário refletidas nos documentos apresentados na arena jurídica.

Ao visitar o mundo dos advogados, ministros e juízes, as salas e corredores dos tribunais e das escolas de direito, [pesquisadores de fontes judiciais] buscavam entender valores e interesses conflitantes que haviam travado combates diversos e criado várias interpretações do legal, do justo e do direito. (MENDONÇA; LARA, 2006, p.11).

Assim, atentando para a produção do Direito e a história da escravidão no Brasil, verificamos que a história, a cultura e as práticas da população negra brasileira passam a ser gradativamente reconhecidas, reivindicadas e tuteladas por instrumentos legais.

Como exemplo desta realidade, cabe destacar a previsão de cotas para estudantes negros nas universidades públicas (Lei nº 12.711/2012); a obrigatoriedade do ensino da história e cultura afro-brasileira nas escolas (Lei n.º10.639/2003 e Lei nº 11.645/2008); a organização das comunidades tradicionais pelo cumprimento do artigo 68 do Ato das Disposições Constitucionais Transitórias (ADCT\CF), que reconhece a propriedade das terras ocupadas por comunidades quilombolas, e o atual debate acerca da delimitação do conceito de trabalho em "condição análoga a de escravo", previsto no art.149 do Código Penal.

A adoção de medidas como estas suscita polêmicas jurídicas que exigem diálogo interdisciplinar do Direito com os diversos campos do conhecimento, além de trazer "ensinamentos sobre o nosso passado, sobre quem somos e de onde viemos, e traz também desafios para o nosso futuro" (ALENCASTRO, 2010, p.01).

A gênese dessa pesquisa foi um estudo das ações cíveis de liberdade[24] ajuizadas no estado da Bahia ao longo do século XIX[25]. Foram analisadas fontes disponíveis no Arquivo Público do Estado da Bahia (APEB). A

---

24 Sobre ações de liberdade, destacamos AZEVEDO, Elciene. **O direito dos escravos:** lutas jurídicas e abolicionismo na província de São Paulo. Campinas: Editora da Unicamp, 2010; GRINBERG, Keila. **Liberata:** a lei da ambiguidade. As ações de liberdade da Corte de Apelação do Rio de Janeiro, século XIX. Rio de Janeiro: Relume Dumará, 1994; CHALHOUB, Sidney. **Visões da Liberdade: uma história das últimas décadas da escravidão na Corte.** São Paulo: Companhia das Letras, 1990; SILVA, Ricardo Tadeu Caires. **Os escravos vão à justiça: a resistência escrava através das ações de liberdade. Bahia, século XIX.** Dissertação (Mestrado em História) – Faculdade de Filosofia e Ciência Humanas, Universidade Federal da Bahia, Salvador, 2000.

25 SÁ, Gabriela Barretto de. **Entre mordaças e direitos:** ações de liberdade e resistência escrava na história do direito no Brasil. Monografia (Graduação em Direito) – Faculdade de Direito, Universidade Federal da Bahia, Salvador, 2010.

análise com fontes primárias e a revisão da literatura pertinente permitiram verificar que, no âmbito das chamadas ações de liberdade, eram frequentes os pleitos de manutenção ou reconhecimento de liberdade[26] com fundamentos na legislação existente sobre a escravidão ou em virtude de alforria anterior. Nestes casos, por estarem situados na esfera do Direito Civil, quase sempre a discussão jurídica permanecia limitada às consequências de ordem civil, relacionadas ao direito de propriedade, sem ser tangenciada a responsabilização criminal dos responsáveis por condutas como a re-escravização ilegal e o cativeiro ilícito de pessoas livres.

Com o amadurecimento da pesquisa, surgiram novos questionamentos e possibilidades de análise acerca da relação entre direito e liberdade no Brasil oitocentista. A partir daí, através de estudos de caso e micro-história, foi possível agregar profundidade teórica às possibilidades de abordar a História Social do Direito e refletir principalmente acerca do tema do exercício de poder ilícito sobre a propriedade de pessoas e a produção de "papéis de liberdade"[27] juridicamente válidos para comprovação da liberdade ou documentos para comprovação da propriedade escrava.

Na esteira das indagações sobre o caráter ilegal da propriedade escrava e as possibilidades de punição através dos dispositivos legais pertinentes, teve lugar o lançamento da obra A força da escravidão: ilegalidade e costume no Brasil oitocentista, de Sidney Chalhoub (2012). O argumento central do texto consiste em evidenciar a precariedade da liberdade das pessoas livres de cor por conta da prevalência da propriedade escrava ilegal legitimada pelo direito costumeiro, a despeito das previsões legais existentes em sentido contrário.

Através de fontes policiais, correspondências entre autoridades e arquivos da casa de correção da Corte, a atuação dos juristas e dos bacharéis da burocracia imperial revela a oscilação entre esforços pela manutenção da lei e, na maioria dos casos, pela contemporização da ilegalidade,

---

26   Para um estudo acerca da classificação dos motivos das ações de liberdade da Corte de Apelação do Rio de Janeiro, ver GRINBERG, Keila. Re-escravização, direitos e justiças no Brasil do século XIX. *In:* LARA, Silvia Hunold;MENDONÇA, Joseli Maria Nunes (Org.). **Direitos e Justiças:** ensaios de história social. Campinas: Editora da Unicamp, 2006, v. 1, p.101-128.

27   Para uma discussão sobre as estratégias de prova de propriedade e liberdade utilizadas por escravos e proprietários, ver SCOTT, Rebecca J.; HÉBRARD, Jean M. **Freedom Papers**. An Atlantic Odissey in the Age of Emancipation. Cambridge: Harvard University Press, 2012.

resultando quase sempre numa justiça de conveniência adequada aos interesses escravistas.

Inobstante a relevância das informações apresentadas por Chalhoub (2012), a opção por centrar a análise nas fontes policiais impossibilita que seja desenvolvido o estudo empírico dos casos, capaz de evidenciar a complexidade de níveis e debates da justiça nos casos que envolvem conflitos acerca da condição civil de pessoas durante a vigência da escravidão.

Após algumas leituras e contato com fontes documentais, o foco da pesquisa passou a ser a forma como eram conduzidos pelo poder judiciário os casos em que o conflito entre liberdade e propriedade estavam relacionados à suspeita de ocorrência do crime de redução de pessoas livres à escravidão, conforme previsto no art. 179 do Código Criminal do Império. Assim, a partir das fontes documentais, buscamos compreender em que medida a análise do funcionamento da justiça contribuiu para desvendar as relações entre o Estado e os (supostos) proprietários de pessoas escravizadas, bem como se estas relações se verificavam através de mecanismos de reprodução ou quebra da ordem prevista pela lei.

Passamos, então, ao estudo e à análise de fontes primárias relativas a demandas de criminalização da escravização de pessoas livres disponíveis no Arquivo Público do Estado do Rio Grande do Sul (APERS). Atualmente, o APERS é conhecido nacionalmente por possuir vasto acervo sobre a escravidão, preservado, organizado e catalogado através do Projeto Documentos da Escravidão no Rio Grande do Sul, apoiado pelo Ministério da Cultura e patrocinado por Petrobrás, Caixa Econômica Federal e outros.

A partir do catálogo de processos criminais que envolviam pessoas escravizadas como vítimas ou réus, encontramos, entre os documentos disponíveis no APERS, 67 ocorrências relacionadas ao crime de reduzir pessoa livre à escravidão. A existência de casos relacionados ao crime de reduzir pessoa livre à escravidão evidenciam a precariedade da liberdade e a ilegalidade da propriedade escrava experimentada pelo Rio Grande do Sul ao longo do período de existência da escravidão.

Na apresentação dos desafios historiográficos ao estudo da escravidão no Brasil meridional, Regina Célia Lima Xavier (2009) destaca que, entre final do séc. XVIII e início do séc. XIX, a formação de fortuna dos comerciantes do Rio Grande do Sul deveu-se, em grande parte, aos negócios relacionados à propriedade de escravos, estando a escravidão inserida em praticamente todas as atividades econômicas da região.

A autora afirma que "após 1830, sendo o tráfico ilegal, os importantes portos de Rio de Janeiro e Salvador seriam mais vigiados, forçando a utilização de novas rotas" (XAVIER, 2009, p. 20). Neste contexto, os portos do Sul do Brasil, notadamente os portos de Paranaguá e Rio Grande, passam a desempenhar papel significativo na rota do comércio ilegal de escravos e consequente escravização ilegal de pessoas livres.

Em outro trabalho de 2010 acerca do tráfico ilegal de negros, ou "a nefanda pirataria de carne humana", como intitula sua pesquisa, Rafael Peter de Lima traz um estudo detalhado sobre escravizações ilegais ocorridas na fronteira do Brasil meridional no período de 1851-1868. Justificando a relevância do tema relativo à escravização ilegal de negros uruguaios em terras brasileiras, o autor pondera que "apesar da significativa quantidade de documentos e de seu amplo espectro de procedência – o que poderia se tomar como um indicador da importância do tema – não se tem notícias de estudos específicos de maior fôlego sobre o assunto" (LIMA, 2010, p. 14).

Ainda na esteira dos desafios que rondam o estudo sobre os casos de redução de pessoa livre à condição escrava no Rio Grande do Sul, vale destacar que a professora Keila Grinberg tem desenvolvido importantes projetos de investigação sobre escravidão e relações internacionais na fronteira do Império do Brasil, séc. XIX, com foco justamente na ocorrência do crime de reduzir pessoa livre à escravidão na fronteira do Brasil com o Uruguai[28].

Além das contribuições para o estudo do trânsito entre cativeiro e liberdade, a partir de tais casos é possível vislumbrar a dimensão que o tema das escravizações ilegais na região de fronteira assumiu nas relações internacionais do Brasil independente, bem como o direcionamento de atuação das autoridades diplomáticas verificado nos momentos em que a soberania nacional e a vigência da escravidão interna eram confrontadas com a defesa de liberdade de cidadãos de outros Estados, ilegalmente escravizados no Brasil.

Embora exista um grande número de pesquisas acerca da escravização ilegal de pessoas livres nas cidades do Rio Grande do Sul que fazem fronteira com o Uruguai[29], não encontramos trabalhos direcionados para a

---

28 Ver GRINBERG, Keila (Org.). **As fronteiras da escravidão e da liberdade no sul da América**. Rio de Janeiro: Sette Letras, 2013.

29 Entre as pesquisas acerca da escravização ilegal no caso da fronteira do Rio Grande do Sul com o Uruguai, destacamos CAÉ, Rachel da Silveira. **Escravidão e liberdade na construção do Estado Oriental do Uruguai**

análise da ocorrência de tal crime no contexto da cidade de Porto Alegre. Assim, a pesquisa, limitou-se ao estudo de inquéritos e processos-crimes do século XIX relativos a seis casos disponíveis no Fundo 004 do APERS e catalogados como pertencentes à capital gaúcha.

No entanto, a leitura e transcrição dos documentos revelaram que eles abrangiam casos ocorridos nas cidades de Porto Alegre, Rio Grande e Vila de Santa Vitória de Palmas. Diante disso, ampliamos o escopo da análise por considerar que a "inesperada surpresa" trazida pelas fontes representava a oportunidade de aprofundar a pesquisa e fornecer um panorama mais rico e diversificado acerca das possibilidades de verificação do crime e da atuação da justiça em distintos casos.

Tabela 1: Processos relativos à redução de pessoas livres à escravidão em Porto Alegre disponíveis no APERS[30]

Ano	Processo Número	Localização	Subfundo
1835	509	Fundo 004: Comarca de Porto Alegre	Tribunal do Júri
1849	3618	Fundo 004: Comarca de Porto Alegre	II Vara Cível e Crime
1852	3511	Fundo 004: Comarca de Porto Alegre	I Vara Cível e Crime
1859	433	Fundo 004: Comarca de Porto Alegre	Superior Tribunal de Justiça
1874	152	Fundo 004: Comarca de Porto Alegre	Superior Tribunal de Justiça

---

(1830-1860). Dissertação (Mestrado em História) - Programa de Pós Graduação em História, Universidade Federal do Estado do Rio de Janeiro, Rio de Janeiro, 2012; CARATTI, Jônatas Marques. **O solo da liberdade**: as trajetórias da preta Faustina e do pardo Anacleto pela fronteira rio-grandense em tempos do processo abolicionista uruguaio (1842-1846). Dissertação (Mestrado em História) - Programa de Pós-Graduação em História, Universidade do Vale do Rio dos Sinos, São Leopoldo, 2010; LIMA, Rafael Peter. "**A nefanda pirataria de carne humana**": escravizações ilegais e relações políticas na fronteira do Brasil meridional (1851-1868). Dissertação (Mestrado em História) - Programa de Pós-Graduação em História, Universidade Federal do Rio Grande do Sul, Porto Alegre, 2010.

30 Fonte: RIO GRANDE DO SUL. Secretaria da Administração e dos Recursos Humanos. Departamento de Arquivo Público. **Documentos da escravidão**: processos-crime - o escravo como vítima ou réu. Coordenação Bruno Stelmach Pessi e Graziela Souza e Silva. Porto Alegre: Companhia Rio-Grandense de Artes Gráficas, 2010.

Outras fontes consultadas para auxiliar na análise foram Relatórios do Presidente da Província do Rio Grande do Sul, arquivos do jornal local A Federação, disponíveis na Hemeroteca Digital da Biblioteca Nacional, textos literários do Brasil oitocentista[31], bem como produções jurídicas brasileiras e portuguesas do século XIX.

Longe de recorrer a uma espécie de argumento de autoridade das fontes primárias e encarar os registros disponíveis nos arquivos judiciais[32] como "prova documental" (HESPANHA, 1978, p.13) para construção de uma História do Direito que sirva de fiel relato da história tal qual ocorreu, buscamos a construção de uma História Crítica do Direito, desde o seu próprio fazer, consciente de que "as normas jurídicas apenas podem ser compreendidas se integradas aos complexos normativos que organizam a vida social" (HESPANHA, 2009, p.35). .

Para além de analisar as circunstâncias de aplicação do artigo 179 do Código Criminal na sociedade do Brasil oitocentista, a análise dos casos individuais aqui apresentados busca fornecer elementos capazes de recons-

---

31 Em publicação do Instituto Latino Americano de História do Direito, José Ramón Narváez e Andrés Botero destacam que o Direito foi considerado como a literatura mais representativa de diversos momentos históricos, a exemplo de produções como a Lei das XII Tábuas; O Código de Hamurabi e o Código de Napoleão. Acerca da importância da Literatura para a História do Direito acrescentam que "Desde otra perspectiva, tambíen se ha observado outro sector importante de interacción entre estos dos âmbitos, pues la literatura es fuente para la historia del derecho, elemento útil para entender la construcción del mismo y los valores que lo rodean, justo porque la literatura y el derecho comparten uma característica común: ambos provienen de la sociedade, en parte la representan y en parte la elaboran" (NARVÁEZ; BOTERO, 2010, p.07). "De outra perspectiva, também se observa outro setor importante de interação entre estes dois âmbitos, pois a Literatura é fonte para a História do Direito, elemento útil para entender a construção do mesmo e os valores que o rodeiam, justo porque a Literatura e o Direito compartilham uma característica comum: ambos são provenientes do Direito, em parte a representam e em parte a elaboram" (Tradução nossa).

32 Em raciocínio semelhante ao aqui utilizado, Mike Featherstone alerta para o risco de que as pesquisas com fontes primárias legitimem uma "credibilidade arquival" capaz de fundamentar um direito de contar o passado garantido pelo uso dos arquivos para a construção da história. O autor destaca, ainda, que, em sua origem, os arquivos são locais de guarda dos documentos oficiais cujo acesso era restrito àqueles que possuíam o "direito hermético de interpretar os arquivos e de falar da lei" (FEATHERSTONE, 2005, p.11).

truir nuances do contexto social[33] no qual se inseria o funcionamento da justiça frente ao conflito entre a propriedade ilegal e o direito à liberdade de pessoas livres ilegalmente escravizadas.

A perspectiva de análise aqui desenvolvida simboliza uma tentativa de avanço frente às abordagens tradicionais que se restringem ao estudo da dicotomia simples entre escravidão e liberdade, desconsiderando a complexa zona de penumbra onde se situava o conflito sobre o estatuto jurídico das pessoas na ordem escravista.

Em outras palavras, será possível verificar as respostas legais oferecidas ao conflito entre o "direito costumeiro" dos senhores de alegar a propriedade sobre determinados indivíduos e o "costume dos pretos" em declarar-se livres (CHALHOUB, 2009, p.28).

Atualizando Memórias

Compreendendo que a história é dinâmica, processual e que o passado pode ser apreendido no presente por diversas formas, durante a missão de pesquisa realizada na capital do Rio Grande do Sul, foi dirigida especial atenção para tentar perceber como a história da escravidão negra naquela sociedade poderia ser identificada na cidade em espaços outros, não limitados apenas aos registros escritos do Arquivo Público do Estado. Este exercício se mostrou desafiador quanto à tentativa de compreensão sobre como a cidade preserva e (re)produz a memória de tal fato.

De início, como tentativa de identificar qual a história reputada como importante a ser conhecida, recorremos aos textos contidos nos "cartões de visita" da cidade, ou seja, aos guias de turismo mantidos pelo governo do estado e pela prefeitura. Aqui, apresentamos um interessante trecho retirado do site de turismo da cidade:

> Porto Alegre, **multicultural por natureza**. Um conjunto de múltiplas expressões, de variadas faces, origens étnicas e religiosas faz de

---

33 Para análise das fontes, buscamos desenvolver exercício teórico-metodológico considerando as contribuições da abordagem da micro-história na sua proposta de buscar "enriquecer a análise social tornando suas variáveis mais numerosas, mais complexas e também mais móveis" sem perder de vista que "esse individualismo metodológico tem limites, já que é de um conjunto social – ou melhor, de uma experiência coletiva – que é sempre preciso procurar redefinir as regras de constituição e de funcionamento" (REVEL, 1996, p.23).

Porto Alegre um raro espaço onde os contrastes e a diferença são bem acolhidos e sempre bem-vindos. A cidade foi fundada em 1772 por casais portugueses açorianos. Ao longo dos séculos seguintes, acolheu imigrantes de todo mundo, em particular alemães, italianos, espanhóis, africanos, poloneses e libaneses, entre católicos, judeus, protestantes e muçulmanos[34]. (grifo nosso).

A região sul do Brasil é famosa pela presença de comunidades de imigrantes de diversos países que, ainda hoje, preservam traços marcantes de sua cultura e costumes. No entanto, no texto acima, chama a atenção o fato de que, entre os "imigrantes acolhidos" pela capital gaúcha, "multicultural por natureza", ao lado de nacionalidades europeias nomeadas, conste o grupo genericamente nomeado como africanos.

É de conhecimento público que, ao longo do século XIX, o desembarque de europeus e africanos em terras meridionais deu-se por motivos historicamente distintos. A política imigratória conduzida pelo Estado foi marcada pelo oferecimento de lotes de terra para exploração agrícola a grupos provenientes de diversos países da Europa, sendo que a primeira colônia de imigrantes europeus no Rio Grande do Sul foi formada por alemães no ano de 1824 na cidade de São Leopoldo (SEYFERTH, 2002).

Por outro lado, a história sobre a chegada dos africanos no Rio Grande do Sul precede a fase da política imigratória e está intrinsecamente vinculada ao período da escravidão:

> Os escravos estiveram, nos séculos XVIII e XIX, presentes em quase todos os segmentos produtivos da sociedade brasileira que viviam diretamente ligados à produção mercantil. A não ser nas regiões tardiamente incorporadas ao domínio lusitano (onde existia a mão de obra indígena) e no espaço geoeconômico ocupado pelo imigrante ítalo-germânico (onde era proibida a utilização de escravos africanos), o escravo quase sempre se encontrava em destaque. Podemos dizer que habitava, com desigualdade, todos os poros da sociedade produtiva de então. Será, porém, nas principais aglomerações urbanas que assume papel determinante. (MAESTRI, 1984, 110).

A existência de territórios negros em Porto Alegre data do período pós-abolição, sendo caracterizadas como espaços de moradias de libertos

---

34 Turismo. A cidade. Apresentação. Disponível em: <http://www2.portoalegre.rs.gov.br/turismo/default.php?p_secao=256>. Acesso em: 10 maio 2013.

e afrodescendentes[35]. Assim, tendo em vista diferenças sócio-históricas elementares, impossível não questionar qual o objetivo da narrativa de turismo ao apresentar uma gênese histórica que confirme a multiculturalidade originária do lugar através da inclusão dos povos de origem africana entre os grupos imigrantes acolhidos pela cidade. Tal recurso, na mais compreensiva das análises, revela-se anacrônico.

Ao refletir sobre a construção da história da liberdade dos negros escravizados em Porto Alegre, Maria Angélica Zubarán (2009, p.05) aponta para a "invenção branca" do abolicionismo, como uma tentativa de criar uma história oficial que, "como produto seletivo do imaginário das elites brancas", silencia sobre a importante atuação dos afrodescendentes na campanha abolicionista.

Zubarán contribui, ainda, ao apresentar a reflexão de que "o estudo da memória social pode ser definido como o estudo da disputa cultural de verdades contestadas ou de textos que apresentam versões antagônicas do passado, que são postas a serviço do presente" (BLIGHT, 1994, p. 45-71 *apud* Zubarán, 2009, p.03).

Neste sentido, mais que anacrônica, a versão turística oficial acerca do mito multiétnico fundador da cidade de Porto Alegre pode ser melhor interpretada se compreendermos que a reinvenção do lugar do negro na história regional é um produto pensado como o mais adequado para legitimar a história oficial e naturalizar opressões historicamente construídas que persistem no presente.

Sobre a "invisibilidade da presença de africanos e descendentes na memória histórica", Beatriz Mamigonian e Joseane Vidal (2013, p.11) apresentam interessante reflexão no sentido de ponderar que tal característica é comumente encontrada na produção histórica tradicional relativa não apenas aos estados da região Sul do Brasil, mas a outros países da América[36] que "receberam contingente significativo de africanos,

---

35 Sobre o tema, ver ROSA, Marcus Vinicius de Freitas. Colônia Africana, arrabalde proletário: o cotidiano de negros e brancos, brasileiros e imigrantes num bairro de Porto Alegre durante as primeiras décadas do século XX. **Anais do 5º Encontro Escravidão e Liberdade no Brasil Meridional**. Disponível em: <http://www.escravidaoeliberdade.com.br/site/images/Textos5/rosa%20 marcus%20vinicius%20de%20freitas.pdf>. Acesso em: 2 fev. 2014.

36 Sobre invisibilidade da população negra nos países andinos: SÁ, Gabriela Barretto de. A América Afro-latina como um desafio ao novo constitucionalismo latino-americano: o caso dos afro-bolivianos. In: TARREGA, Maria

mas que construíram memórias e identidades nacionais associadas a indígenas ou europeus, ou nelas enfatizaram a mestiçagem". As autoras também contribuem ao indicar que, nos casos onde os relatos históricos destacam a presença de escravizados, quase sempre a representação da população negra está associada a eventos pitorescos ou como "mão de obra do passado".

A partir de pesquisas como a de Fernando Henrique Cardoso[37] e, em final da década de 1980, das investigações desenvolvidas por Mário Maestri[38,] ganha destaque a pesquisa histórica que evidencia a importância da utilização da mão de obra escrava na economia do Rio Grande do Sul. Nesta mesma linha, como contraponto ao imaginário do "sul branco", diversas são as produções bibliográficas que passam a investigar a participação da população negra na formação sociocultural gaúcha.

Por considerar a existência de uma historiografia já consolidada acerca da questão, Keila Grinberg (2013, p.10) afirma que atualmente os estudos acerca da escravidão no Rio Grande do Sul "já não precisam mais se preocupar em demonstrar a importância da escravidão". No entanto, suspeitamos que a mítica construção da região Sul como reduto branco e europeu do Brasil continua vigente e partilhada pela maioria da população, principalmente a de regiões mais distantes[39]. Como exemplo disso, destacamos a iniciativa do Ilê Aiyê, bloco afro do carnaval de Salvador, que em 2012 decidiu evidenciar a existência do povo negro no Brasil meridional através da escolha do seguinte tema para o desfile de carnaval: Negros do Sul. Rio Grande do Sul, Paraná, Santa Catarina. Lá também tem!.

Daí porque, sugerimos que, se, no plano da historiografia, a presença do negro sulista já é indiscutível, a proposta do grupo cultural baiano

---

Cristina Vidotte Blanco, et al (Orgs.). Estados e Povos na América Latina Plural. Org:. Goiânia :Ed. da PUC Goiás, 2016.

37 CARDOSO, Fernando Henrique. **Capitalismo e escravidão no Brasil Meridional**: o negro na sociedade escravocrata no Rio Grande do Sul. Rio de Janeiro: Paz e Terra, 1991.

38 MAESTRI, Mário. **O Escravo no Rio Grande do Sul**: a charqueada e a gênese do escravismo gaúcho. Porto Alegre: EDUCS, 1984.

39 Sobre os mitos criados acerca das peculiaridades do Rio Grande do Sul e sobre a representação da imagem do gaúcho, ver OLIVEN, Ruben George. A Invisibilidade Social e Simbólica do Negro no Rio Grande do Sul. In: LEITE, Ilka Boaventura. **Negros no sul do Brasil. Invisibilidade e territorialidade**. Ilha de Santa Catarina: Letras Contemporâneas, 1996.

demonstra as visões que os "brasis de cá e de lá" alimentam acerca de suas realidades. O fato também evidencia como representações históricas reiteradas são capazes de criar versões de realidades que invisibilizam a existência de determinados grupos étnico-raciais, ao mesmo tempo que evidenciam a presença de outros.

Figura 1: Tema do Carnaval Ilê Ayê 2012[40].

Ainda na ocasião da pesquisa, buscamos captar as formas de contar a história da escravidão na capital mais meridional do Brasil, o que nos possibilitou identificar outro caso de criação de imagem histórica pitoresca sobre o negro. Trata-se do folheto turístico onde são apresentados os prédios mais antigos de Porto Alegre e de onde extraímos os trechos abaixo:

> Igreja Nossa Senhora das Dores. É a igreja mais antiga de Porto Alegre ainda existente. Sua pedra fundamental foi lançada em 1807, porém a conclusão das obras demorou 97 anos. [...] **A história da obra é marcada também por uma lenda, a do escravo injustiçado.** Segundo ela, ao ser enforcado no pelourinho em frente à Igreja, o escravo afirmou que, como prova de sua inocência, as torres jamais seriam construídas. E, de fato, elas não foram erguidas, pelo menos de acordo com o projeto original. (grifo nosso).

> Solar dos Câmara. Foi a primeira casa residencial construída em alvenaria em Porto Alegre. Visite a biblioteca, construção onde antigamente

---

40 Fonte: <http://www.ileaiyeoficial.com/bio/temas-dos-carnavais/>. Acesso em: 15 maio 2013.

ficava uma senzala e que preserva as janelas afuniladas que evitavam a fuga dos escravos. [...] Dica: Jogue uma moeda na Fonte do Pai Cabinda e faça um pedido ao "Santo dos Escravos".

As informações acima transcritas são disponibilizadas ao grande público de forma a explorar, como entretenimento, a história dos africanos e de seus descendentes. Expressa em segundo plano, após a descrição da importante arquitetura que marca os imóveis, a menção aos negros escravizados no espaço urbano é feita de forma acrítica e apresentada como informações curiosas, anedóticas e míticas.

A opção por esta forma de representar o passado expressa apego a uma imagem social da escravidão em que o ser escravizado estaria inserido numa lógica previsível e determinista em que só poderia protagonizar histórias de rebeldia heroica, vingativa e justiceira, ou episódios de submissão e impotência absolutas[41].

Os casos aqui analisados, além da possibilidade de conduzir ao fortalecimento de imagens caricatas da população cativa, retratam, também de forma anedótica, as histórias da tradição oral[42] e a religiosidade dos afrodescendentes gaúchos, dimensões integrantes do patrimônio imaterial dos afrodescendentes resguardado pela Constituição Federal de 1988[43].

---

41 "Os escravos não foram vítimas nem heróis o tempo todo, se situando na sua maioria e a maior parte do tempo numa zona de transição entre um e outro polo. O escravo aparentemente acomodado e até submisso de um dia podia tornar-se o rebelde do dia seguinte, a depender da oportunidade e das circunstâncias. Vencido no campo de batalha, o rebelde retornava ao trabalho disciplinado dos campos de cana ou café e a partir dali forcejava os limites da escravidão em negociações sem fim, às vezes bem, às vezes malsucedidas. Tais negociações, por outro lado, nada tiveram a ver com a vigência de relações harmoniosas, para alguns autores até idílicas, entre escravo e senhor. Só sugerimos que, ao lado da sempre presente violência, havia um espaço social que se tecia tanto de barganhas quanto de conflitos" (SILVA; REIS, 1989, p.07).

42 Encontra-se atualmente em discussão o Projeto de Lei nº 1.786/2011, conhecido como lei Griô, que tem como objetivo instituir a Política Nacional Griô para proteção e fomento dos saberes e fazeres da tradição oral.

43 A Constituição Federal de 1888, nos artigos 215 e 216, reconhece como integrantes do patrimônio cultural brasileiro os bens culturais de natureza imaterial que possuam referências à identidade, à ação e à memória dos diferentes grupos formadores da sociedade brasileira. O texto do referido

No caso específico do Solar dos Câmara, localizado dentro da Assembleia Legislativa do Rio Grande do Sul, a experiência da visita guiada ao local forneceu detalhes sobre as famílias que foram proprietárias do imóvel, além de explicações acerca da riqueza de cada detalhe da construção e decoração. Atentamos para a escolha da antiga senzala como local de funcionamento da atual biblioteca, enquanto que os ambientes da casa onde se desenvolvia a vida familiar dos proprietários permanecem conservados. Assim, se explicita a opção por enaltecer e preservar a memória de determinado grupo social em detrimento de outros.

Sobre o tema, parece elucidativa a contribuição de Stephen Small (2012), estudioso das relações entre história pública, escravidão e memória coletiva institucionalizada, ao relatar os resultados da sua pesquisa acerca do turismo histórico no Sul dos Estados Unidos e a forma como os locais de moradia escrava (cabanas de escravizados) localizados dentro da propriedade senhorial costumam ser retratados:

> [...] as cabanas de escravos são tratadas de forma a se dar pouco ou nenhum relevo à sua importância histórica, ou são representadas de modo condescendente ou ofensivo, e não de uma maneira que a maioria das pessoas considere respeitosa. São mencionadas, mas são organizadas de uma forma que as menospreza, assim como menospreza as pessoas que costumam viver nessas habitações e suas histórias. Isso constitui um desrespeito institucional. (SMALL, 2012, p. 107 *In:* SANSONE, 2012, p. 91-124).

Ao informar ao guia o desejo de conhecer a fonte do Pai Cabinda, ele respondeu que a história era uma lenda e que há muito já deveria ter sido retirada da literatura promocional sobre o Solar dos Câmara[44]. Vale salientar que as fontes se constituem importante elemento de culto das religiões de matriz africana praticadas no Brasil e, na ocasião da visita,

---

enunciado constitucional expressa respeito à diversidade da cultura popular, guardando, assim, devida e necessária consonância com o princípio fundamental do Estado Democrático de Direito enunciado na Carta Magna.

44   No mesmo sentido, Stephen Small afirma que "durante as minhas pesquisas nos museus de *plantation*, os guias quase sempre presumiam que eu tinha ido visitar as casas grandes e mansões, e quase sempre ficavam chocados quando eu dizia que tinha vindo visitar as cabanas. Muitos me falavam algo como 'por que você ia querer vê-las? Não há nada lá!'. Haver ou não alguma coisa lá não é um dado, mas uma questão de valoração e interpretação social" (SMALL, 2012, p. 118 *In:* SANSONE, 2012)

encontramos uma fonte sem água, impossibilitando a manutenção do culto e da tradição da religiosidade afro-brasileira.

Cumpre destacar que, com o objetivo de garantir a visibilidade da parcela negra da população através do patrimônio cultural urbano, está em execução o projeto museu do percurso do negro em Porto Alegre, fruto de reivindicações da comunidade negra local. Com o apoio de instituições como Ministério da Cultura, Instituto do Patrimônio Histórico e Artístico Nacional, Banco Interamericano de Desenvolvimento e UNESCO, a primeira etapa do projeto foi concluída em 2011 através da construção e revitalização de marcos que evocam a "presença, a memória e o protagonismo social e cultural dos africanos e descendentes no Centro Histórico"[45]. Entre os pontos mais conhecidos do trajeto, destacamos a relevância do Bará do Mercado Público que constitui um dos mais importantes locais de culto dos religiosos de matriz africana.

Segundo o censo realizado no ano de 2010, o Rio Grande do Sul é o estado que apresentou o maior número de pessoas que se declararam praticantes de religiões de matriz africana[46]. Segundo Mãe Norinha de Oxalá, fundadora e presidente da Congregação em defesa das religiões afro-brasileiras no Rio Grande do Sul:

> O Mercado Público faz parte dos "caminhos invisíveis dos negros em Porto Alegre", e sua importância deve-se à preservação e culto ao Orixá Bará Agelu Olodiá assentado no centro do prédio. O Bará é, dentro do panteão africano, a entidade que abre os bons caminhos, o guardião das casas e da cidade, e representa o trabalho e a fartura[47].

Esta pesquisa busca contribuir para visibilizar os caminhos intrinsecamente cruzados, e nem sempre (pre)visíveis, da lei, da ilegalidade e da escravidão na História do Direito no Brasil meridional. A análise dos processos criminais e inquéritos será realizada nos capítulos seguintes em cotejo com bibliografia pertinente ao tema.

---

45   Para informações sobre o projeto Museu do percurso do negro em Porto Alegre,ver <http://museudepercursodonegroemportoalegre.blogspot.com.br/> . Acesso em: 02 fev. 2014.

46   Fonte: <http://www.ibge.gov.br/estadosat/temas.php?sigla=rs&tema=censodemog2010_relig>. Acesso em: 2 fev. 2014.

47   Fonte: <http://museudepercursodonegroemportoalegre.blogspot.com.br/>. Acesso em: 2 fev. 2014.

No primeiro capítulo analisamos a previsão do crime de reduzir pessoa livre à escravidão sob o marco do contexto liberal, garantista e legalista da codificação no séc. XIX. Em seguida, é analisada a ocorrência da prática de escravização ilegal de pessoa livre no Brasil oitocentista e as tentativas de regulação legal. Por fim, através do estudo da elaboração legislativa do Código Criminal do Império do Brasil, contruímos uma genealogia da previsão do artigo 179.

O segundo capítulo analisa o trâmite processual e a produção de provas no processo criminal de redução à escravidão da parda Porfíria na cidade de Porto Alegre em 1849. Buscando problematizar as redes sociais da liberdade e da escravidão no contexto urbano, será apresentado um retrato da estrutura do poder judiciário local e, em seguida, será analisada a discussão jurídica acerca da caracterização da posse da liberdade escrava.

No terceiro capítulo, analisamos casos que evidenciam as possibilidades de invocar a aplicação do artigo 179 do Código Criminal do Império no diverso cenário da ocorrência de escravização ilegal no Rio Grande do Sul. Especial atenção será dada ao papel desempenhado pela província sulista no tráfico do comércio ilegal de escravos e à peculiar situação dos casos de escravização ilegal envolvendo a fronteira com o Uruguai.

1
O *CONTEXTO DO TEXTO*[48]: O CRIME DE REDUZIR PESSOA LIVRE À ESCRAVIDÃO NO CÓDIGO CRIMINAL DO IMPÉRIO DO BRASIL

> *Querem que a gente saiba*
> *que eles foram senhores*
> *e nós fomos escravos.*
> *Por isso te repito:*
> *eles foram senhores*
> *e nós fomos escravos.*
> *Eu disse fomos.*
> (Oliveira Silveira)

O presente capítulo tem por objetivo analisar a ocorrência da prática de escravização ilegal de pessoas livres na sociedade do Brasil oitocentista, analisando quais as principais vítimas deste tipo de prática que evidencia a precariedade da liberdade experimentada por determinada parcela da população. Ao mesmo tempo, será realizado exercício de tentar compreender como as realidades social e legislativa da época influenciaram na introdução do crime de reduzir pessoa livre à escravidão no Código Criminal do Império do Brasil. Pretende-se, ainda, revisar as possibilidades legais de levar ao Judiciário os conflitos que envolvem o trânsito entre liberdade e escravidão ao longo do século XIX.

---

48 Para o título deste capítulo, nos valemos de expressão utilizada por Airton Seelaender (2007) para ressaltar a importância de investigar "o contexto do texto", ou seja, as condições sociais sempre dinâmicas e mutáveis que constituem a historicidade própria do fenômeno jurídico e suas manifestações legislativas.

1. POR QUE LIVRE, SE PRETO E POBRE? POR QUE PRETO E POBRE, SE LIVRE? PRECARIEDADE DA LIBERDADE E ESCRAVIZAÇÃO ILEGAL NA SOCIEDADE BRASILEIRA

A história que se conta sobre Cândido Neves se passa em algum momento dos oitocentos no Rio de Janeiro, capital imperial. A despeito da impossibilidade de determinar com exatidão os anos que esteve dedicado ao seu ofício, pela natureza mesma da atividade, pode-se afirmar que o desempenho do seu trabalho precário só pode ter lugar durante o período de vigência da escravidão negra no Brasil. Isto porque se dedicava a um ofício próprio àqueles tempos: capturar escravizados fugidos em troca de recompensas em dinheiro.

Casado com Clara, viviam em situação de pobreza, que piorou e fez-se mais desesperadora após o nascimento do primeiro filho do casal. Sem emprego fixo, Candinho seguia atento aos anúncios de jornais, fixava as características dos fugitivos e saía em busca do achado que poderia garantir o sustento da família por algum tempo. No entanto, não eram tempos fáceis e crescia o número de desempregados que ingressavam naquele negócio, cujo capital inicial não exigia mais que um pedaço de corda, força e coragem.

Apesar da riqueza de detalhes histórico-literários com que Machado de Assis (1906) nos narra a história deste pobre algoz caçador de escravizados, personagem de ficção do conto Pai contra mãe, para o intento aqui delineado, o ponto de maior interesse é aquele relativo às vicissitudes do dia a dia de labuta em busca da captura e devolução dos escravos àqueles que se intitulavam proprietários e patrocinavam a atividade de pessoas como Candinho.

Em primoroso trabalho de análise das obras de Machado de Assis, Sidney Chalhoub evidencia como as estruturas patriarcais e de dominação social e econômica do Brasil escravista estão nas linhas e entrelinhas da obra do escritor brasileiro que, através da inspiração literária e crítica social que lhe eram características, "escreveu e reescreveu a história do Brasil no século XIX" (CHALHOUB, 2003, p.12).

Como exemplo da leitura a "contrapelo" dos romances machadianos, Chalhoub (2003) destaca o enredo de obras como Helena; Memórias Póstumas de Brás Cubas e do conto Mariana enquanto retratos da aproximação entre escravidão e liberdade na sociedade escravista, enfatizando a precariedade da experiência de liberdade naquela sociedade e, sobre este ponto, destaca que, entre os estudos atuais,

> continuam a faltar pesquisas sistemáticas sobre a ameaça e a ocorrência concreta da escravização ilegal. A tranquilidade escandalosa com que centenas de milhares de africanos introduzidos no país após a lei antitráfico de 1831 permaneciam ilegalmente escravizados — assim como seus descendentes — salta aos olhos e sugere a magnitude desse costume senhorial e o tamanho do perigo que rondava a população livre de cor em geral. [...] **A rede que perseguia e capturava escravos fugidos tinha um entrelaçamento preciso e regular ou lançava a ameaça e a suspeição sobre amplos setores da população "livre" de cor?** (CHALHOUB, 2003, p.35,(grifo nosso).

Confirmamos a capacidade histórico-elucidativa do realismo de Machado de Assis e nos permitimos oferecer como possível resposta à indagação enunciada por Sidney Chalhoub no trecho acima a literatura do ilustre membro da Academia Brasileira de Letras:

> Quando ele [Cândido Neves] chegava à tarde, via-se-lhe pela cara que não trazia vintém. Jantava e saía outra vez, à cata de algum fugido. Já lhe sucedia, ainda que raro, enganar-se de pessoa, e pegar em escravo fiel que ia a serviço de seu senhor; tal era a cegueira da necessidade. Certa vez capturou um preto livre; desfez-se em desculpas, mas recebeu grande soma de murros que lhe deram os parentes do homem. (ASSIS, 1906, p.6).

A partir da narração machadiana das desventuras de Cândido Neves, vê-se como o ofício de capturar negros fugidos apresentava desafios importantes àqueles que a ele se dedicavam. Numa sociedade com imensa população negra, como distinguir quais eram cativos e quais gozavam do direito à liberdade? A possibilidade de erro decorrente de tal situação serve de indício sobre a tênue linha social entre a condição de cativeiro e de liberdade. Por outro lado, a história de Candinho em busca da sobrevivência demonstra que, no Brasil do século XIX, o sentimento antiescravista não era inerente aos pobres livres e até mesmo entre os libertos[49] (CARNEIRO DA CUNHA, 1985, p.24). Em outras palavras, pode-se concluir que a defesa da escravidão mobilizava amplos setores da sociedade.

---

49 "Como todos os livres pobres, tanto urbanos quanto rurais, eles [libertos e livres de cor] tendiam a colocar seu pecúlio em bens móveis, vacas, joias, dinheiro e, sobretudo, em meio urbano em escravos de ganho". (SCHWARTZ, 1973 *apud* CARNEIRO DA CUNHA, 1985, p.24).

A injustiça cometida na apreensão de pessoas livres em lugar daquelas fugidas nem sempre era culpa do equívoco dos caçadores de fugitivos mais afoitos que buscavam garantir a recompensa a qualquer custo. Nos anúncios de fugas de escravizados constantes em jornais do século XIX, entre as descrições físicas, psicológicas e comportamentais oferecidas como pistas por aqueles que se intitulavam legítimos proprietários dos cativos procurados, era comum que o texto do anúncio mencionasse que alguns dos cativos, em diversas oportunidades, já alardeavam que eram livres e sofriam de cativeiro injusto (FREYRE, 2010).

Se o autor do anúncio exibia-se publicamente nas páginas de jornal como legítimo proprietário do cativo rebelde, o questionamento de tal informação não caberia àquele que buscava a recompensa pela apreensão. Aqui se verifica como, nas relações cotidianas daquela sociedade, a declaração de proprietário poderia bastar para o reconhecimento imediato de propriedade sobre indivíduos, independentemente da existência do justo título legal.

> 50$ de gratificação
> Continúa a estar fugido desde o dia 4 de abril próximo passado o preto de nome Felix, com idade de 35 a 40 annos, de nação Mossambique, e tem os signaes seguintes: estatura baixa, côr fula, pés um pouco apalhetados, tem um calombinho entre as sombrancelhas por cima do nariz, que parece ser signal da terra dele; este preto tem servido em diferentes artes, pescador, canoeiro, caiador, trabalhador de campo, e hoje é padeiro, a que pertence; foi escravo do Sr. Manoel Francisco Duarte, e **quando foge costuma mudar o nome pra João e intitula-se forro**, tem sido visto nos arrabaldes desta cidade da estrada de Beberibe em direção até a matriz d Varzea: portanto roga-se a todo e qualquer que o encontrar ou dele souber, que o pegue e leve-o ao pateo da Santa Cruz, padaria n. 6, que receberá a gratificação acima; assim como se protesta contra quem o tiver acoutado. (FREYRE, 2010, p.90,grifo nosso).

A transcrição do anúncio acima evidencia a problemática acerca da política de domínio senhorial vigente ao longo do século XIX. Ao mesmo tempo, nos conduz à compreensão acerca da disputa entre o costume dos pretos em declarar-se livres e o costume senhorial em dar aparência de legalidade à propriedade escrava nem sempre legítima. Como poderia ser comprovado que o africano Felix não era forro? Como garantir que João não teve seu nome mudado para Felix em virtude dos "artifícios senhoriais cotidianos" (AZEVEDO; CHALHOUB; CANO; CUNHA, 2009, p.14) para camuflar a possível ilegalidade da sua escravização? Ou, ainda, será que Felix/João não era um africano livre, desembarcado no Brasil após a proibição do tráfico, conhecedor do seu direito à liberdade?

Sendo as questões de propriedade assunto da vida de cada um, seja lá qual for a resposta a estas perguntas, o que se verifica do anúncio é a publicização da condição de Felix/João enquanto escravizado e fugido.

Figura 2: Brasileiro acreditando haver reconhecido seu escravo fugido. Paul Harro Harring, 1840, aquarela, São Paulo[50].

Não se pode perder de vista, porém, que ,ao lado do risco de "errar o alvo" e entregar ao cativeiro ilegal uma pessoa livre ou liberta, a própria aventura de Cândido Neves sugere a existência de relações sociais e redes de solidariedade formadas por amigos, padrinhos e compadecidos da injustiça infligida aos escravizados capazes de interferir nos enredos de aparente fatalismo da existência em liberdade dos negros e impedir, por diversos meios, a exemplo da sova sofrida por Candinho, a redução de pessoa livre à escravidão.

---

50 Fonte: ALENCASTRO, Luiz Felipe. Vida Privada e Ordem Privada no Império. In: _____. História da vida privada no Brasil. v. 2. São Paulo, Companhia das Letras, 1998.

Entre as possibilidades de associação e redes de solidariedade e ajuda mútua entre livres, escravizados e libertos, destacam-se o auxílio na conquista da alforria desempenhado pelas irmandades religiosas formadas por homens e mulheres de cor; os cantos urbanos que reuniam trabalhadores livres e escravos (muitas vezes da mesma nação); a permanência dos laços entre os malungos e a existência dos quilombos (CARNEIRO DA CUNHA, 1985).

Apesar das possibilidades de desenvolver mecanismos de proteção à liberdade, o perigo de escravização ilegal sofrido pela população livre e o medo da re-escravização vivido pelos libertos eram realidades latentes na sociedade escravista[51]. Sendo a subordinação racial uma das características nucleares da experiência da escravidão no Brasil, a organização da sociedade apresentava uma inerente "lógica de dominação assentada na privatização do controle social" (CHALHOUB, 2003, p. 35).

No mesmo sentido de evidenciar a prática do controle social racializado na sociedade escravista, vale apresentar a contribuição de Andrei Koerner:

> Além disso, tornava-se [após a lei de proibição ao tráfico em 1850] cada vez mais difícil distingui-los [escravos urbanos] dos livres e libertos, pois confundiam-se com outros indivíduos de ascendência africana. O controle da sua atividade e da sua circulação nas ruas era feito pela polícia e pela sociedade carioca em geral. Dada a facilidade de movimento dos escravos, tornava-se cada vez mais difícil distingui-los dos livres e libertos, o sistema endurecia, e aumentavam os cuidados com a eficácia da polícia. (KOERNER, 1999, p. 32).

Num cenário onde "negro e escravo eram pensados como categorias co-extensivas; conceitualmente, ser negro era ser escravo e ser escravo era ser negro" (CARNEIRO DA CUNHA, 1985, p. 86), a escolha do título desta seção é uma referência a uma das mais célebres frases do livro Memórias Póstumas de Brás Cubas, de Machado de Assis, publicado em 1881[52].

Nosso intento com tal construção reside na tentativa de lançar luzes à fragilidade da liberdade experimentada por livres e libertos de cor na

---

51 "Escravização ilegal e precarização da liberdade são duas faces da mesma moeda. Ninguém poderia ser negro – preto ou pardo – livre ou liberto, sem segurança, numa sociedade em que escravizar ao arrepio das leis vigentes se fizera direito senhorial costumeiro" (CHALHOUB, 2009; 2012).

52 A expressão original "Por que bonita, se coxa? Por que coxa, se bonita?" é invocada pela personagem Brás Cubas ao refletir sobre a situação da personagem Eugênia.

sociedade escravista. Isto porque, ainda que pobres, as pessoas brancas tinham a seu favor as características fenotípicas que, se não lhes garantia a estabilidade de liberdade, lhes garantia a possibilidade de questionamento acerca da sua condição de escravizado.

1.1.1 POR QUE BRANCA SE ESCRAVIZADA? POR QUE ESCRAVIZADA SE BRANCA?

Assim como a obra de Machado de Assis, a análise de outras publicações literárias da época podem aportar contribuições para a leitura da história da escravidão no Brasil. É o caso da obra A escrava Isaura, escrita por Bernardo Guimarães em 1875. O romance narra a saga de Isaura que, apesar de escravizada, é agraciada pela natureza com "uma cor linda, que ninguém dirá que gira em tuas veias uma só gota de sangue africano" (GUIMARÃES, 1875, p.52).

> Fugiu da fazenda do Sr. Leôncio Gomes da Fonseca, no município de Campos, província do Rio de Janeiro, uma escrava por nome Isaura, cujos sinais são os seguintes: **Cor clara e tez delicada como de qualquer branca**; olhos pretos e grandes; cabelos da mesma cor, compridos e ligeiramente ondeados; boca pequena, rosada e bem feita; dentes alvos e bem dispostos; nariz saliente e bem talhado; cintura delgada, talhe esbelto, e estatura regular; tem na face esquerda um pequeno sinal preto, e acima do seio direito um sinal de queimadura, mui semelhante a uma asa de borboleta. Traja-se com gosto e elegância, canta e toca piano com perfeição. Como teve excelente educação e **tem uma boa figura, pode passar em qualquer parte por uma senhora livre e de boa sociedade**. Fugiu em companhia de um português, por nome Miguel, que se diz seu pai. É natural que tenham mudado o nome. Quem a apreender, e levar ao dito seu senhor, além de se lhe satisfazerem todas as despesas, receberá a gratificação de 5:000$000.
> – Deveras, Martinho? – exclamou um dos ouvintes, - está nesse papel o que acabo de ouvir? Acabas de nos traçar o retrato de Vênus, e vens dizer-nos que é uma escrava fugida! (GUIMARÃES, 1875, p.52,grifo nosso).

O anúncio da fuga de Isaura apresenta descrição que parece atípica para a realidade da época, capaz de desafiar a tarefa de captura até mesmo daqueles mais experientes como o Cândido Neves machadiano. Como distinguir entre a escravizada Isaura e qualquer outra senhora branca de boa família[53]? Escrito após a promulgação da Lei do Ventre Livre, em meio à crescente propagação das ideias abolicionistas, o romance ganha grande repercussão na sociedade, que se comove com a injustiça do cativeiro sofrida por uma mulher de tamanha alvura.

Apaixonado por Isaura, o abolicionista Álvaro traduz sua revolta em virtude da gritante desumanidade, não da escravidão em si, mas do fato de manter em cativeiro alguém com aquelas características: "Pode um homem ou a sociedade inteira contrariar as vistas do Criador, e transformar em uma vil escrava o anjo que sobre a Terra caiu das mãos de Deus?" (GUIMARÃES, 1875, p.61).

Para além da ficção, a revolta e sensibilização decorrentes da situação de pessoas "de pouca cor" sujeitas à triste sorte do cativeiro é encontrada em jornais da época, evidenciando que outras pessoas compartilhavam do sentimento de revolta contra a sorte daqueles que, de tão próximos às características fenotípicas brancas, não deveriam sofrer as agruras do cativeiro, posto que "Deus não podia formar um ente tão perfeito para votá-lo à escravidão" (GUIMARÃES, 1875, p.31).

Para melhor compreensão do tema, apresentamos alguns trechos de notícias de jornais do século XIX acerca da escravização de pessoas brancas:

> Lê-se no Ypiranga, jornal que se publica na cidade de S. Paulo, o seguinte fato: Anteontem apregoava o porteiro das audiências do juízo de órfãos a venda em leilão de uma escrava de nome Felicidade, de 15 a 16 anos de idade, pertencente a herança de Joaquim Nunes Ribeiro, da freguesia de Itapecerica. Os concorrentes subiram à sala das audiências para verem a mercadoria que se apregoava; e todos ficaram surpreendidos e repassados de dor encontrando uma menina perfeitamente branca, e de bela aparência, esperando que alguém lhe dissesse – segue-me escrava!... O geral interesse que inspirou esta menina converteu-se logo em uma filantrópica resolução; e prestando-se o digno juiz de órfãos Dr. Carvalhaes, formou-se ali mesmo uma comissão encarregada de promover a alforria da infeliz Felicidade. (Diário do Rio de Janeiro, Rio de Janeiro, 5 de setembro de 1852).

---

53 Ao analisar a racialização das relações sociais na América portuguesa setecentista, Sílvia Hunold Lara verificou que, no Vocabulário portuguez e latino, de Raphael Bluteau, publicação que serviu de referência durante o setecentos, o adjetivo branco era assim definido: "[alguém] bem nascido, que até na cor se diferencia dos escravos que de ordinário são pretos ou mulatos" (LARA, 2012, p. 72).

No dia 3 do corrente, foi apresentada a secretaria da polícia, a fim de obter passaporte, uma moça BRANCA, com os cabelos lisos, e soltos, cobrindo-lhe o colo, e costas, e debulhada em pranto, soltando gemidos no meio da aflitíssima angustia que a dilacerava. A ela correram os empregados, e todos os circunstantes presentes, e pouco depois quantos por aquela secretaria passavam, porque interrogada aquela infeliz criatura, disse que – a sua desgraça ali a levava como CATIVA tendo sido vendida! O pasmo e a admiração cresceram, manifestando cada uma das pessoas presentes toda a indignação contra um ato de tanto horror, de tanto canibalismo!! E, vociferações contra o monstro foram ouvidas, chegando o mesmo alcade a dizer – Isto é uma infâmia; que não estamos na Rússia, onde se vende gente branca! (Jornal Grito Nacional, Rio de Janeiro,6 de março de 1856).

A bordo do patacho Continente chegou ontem do Rio Grande do Sul, remetida à casa de Novaes e Passos para ser vendida, uma escrava branca de 13 a 14 anos. Tem cabelos corridos, pele alva e feições delicadas, que em nada se parecem com as da raça africana. Promover por meio de uma subscrição a sua liberdade seria, além de justiça, um ato de moralidade pública. (Correio Mercantil, Rio de Janeiro, 19 de setembro de 1857).

O interesse em garantir a liberdade dos cativos brancos ou de pele mais clara bem como o alto grau de filantropia inerente a tal ato são encontrados também nos discursos políticos daqueles que defendiam a emancipação gradual dos escravizados. É o caso da Representação à Assembleia Geral Constituinte e Legislativa do Império do Brasil sobre a Escravatura, elaborada em 1823 por José Bonifácio de Andrada e Silva, cujo artigo 25 previa que "nas manumissões, que se fizerem pela Caixa de Piedade, serão preferidos os mulatos aos outros escravos, e os crioulos aos da Costa" (ANDRADA E SILVA, 1825, p. 33).

Entre a série de medidas propostas por José Bonifácio para a abolição gradual da escravidão, ele exalta sua condição de cidadão filantropo e cristão e conclama os brasileiros para que se arrependam dos séculos de escravidão a despeito dos ensinamentos religiosos que determinam que "não façamos aos outros o que queremos que não nos fação a nós" (ANDRADA E SILVA, 1825, p. 07). Talvez aí, no pavor de vislumbrar sua própria face no rosto daquele escravizado, resida a motivação para libertar aqueles quase humanos de tão claros.

Mais do que despertar sentimentos morais e humanitários nos bons cristãos da sociedade do Brasil escravista, em alguns contextos, a pouca possibilidade de distinção entre as características físicas de senhores e escravizados foi um fator capaz de exercer influência sobre as decisões judiciais acerca da condição daqueles indivíduos de cor clara sobre os quais pairava dúvida quanto à legalidade da sua redução ao cativeiro.

Este é o argumento de Judy Bieber de Freitas. A autora afirma que, no sertão mineiro, entre 1850 e 1871, era difícil distinguir fenotipicamente um rico proprietário de terras de um escravizado, já que os brancos da América Ibérica apresentariam quase a mesma cor dos mulatos claros. Neste cenário, diante da pouca presença de pessoas de pele muito clara, haveria uma tendência das autoridades municipais em aceitar as denúncias de escravização ilegal e decidir pelo reconhecimento da liberdade das pessoas livres de cor (FREITAS, 1994, p.612).

Ainda no sentido de reforçar o horror que causa a escravidão de pessoas de pouca cor, Manuela Carneiro da Cunha destaca que as ordens religiosas que tinham a atribuição de sustentar escravizados criavam mecanismos para obrigar aqueles de cor mais clara a casarem com outros de pele mais escura, "ficando os bons padres alarmados com a perspectiva de manter em escravidão caras humanas tão claras quanto as deles" (R. WALSH, 1833, p.194 *apud* CARNEIRO DA CUNHA, 1988, p.88).

1.1.2 ESCRAVIZAÇÃO ILEGAL DE PESSOAS LIVRES, POBRES E DE COR

Sidney Chalhoub (2012), ao iniciar o livro A força da escravidão: ilegalidade e costume no Brasil oitocentista, evidencia a instabilidade da liberdade na sociedade escravista através do relato de momentos históricos em que o medo de ser reduzido à escravidão mobilizou a camada mais pobre da sociedade. O temor foi catalisado por conta de um decreto do governo imperial (Decreto nº 798, de 18 de junho de 1851) que determinava a obrigatoriedade do registro de óbitos e nascimentos.

Como se não bastasse tal previsão que, por si só, já entregava em mãos do governo informações precisas sobre cada alma viva e morta do território, no mesmo dia foi também publicado um outro decreto onde se anunciava a realização de um recenseamento geral no Império. Como veremos a seguir, as sublevações populares contra a chamada lei do cativeiro ocorreram com mais força nas províncias de Pernambuco e Paraíba, havendo também registros de revoltas em Alagoas, Sergipe e Ceará.

No Relatório elaborado em 1851 e apresentado à Assembleia Geral de Justiça em 1852, o Ministro da Justiça, Eusébio de Queiroz, dava conta dos acontecimentos que estavam perturbando a tranquilidade pública e a segurança individual no Império:

> Algumas dificuldades práticas nesse Regulamento [Regulamento nº 798, de 18 de junho de 1851], e a novidade de suas disposições deram causa a queixas da parte dos habitantes dos lugares distantes dos povoados. Alguns párocos, entendendo que o Regulamento cerceava-lhes atribuições e rendimentos, exageraram essas dificuldades; alguns agentes da propaganda, mais sôfregos e menos refletidos, entenderam que então lutava com empenhos mais graves, e puseram em campo a sedição, agitando o espírito da gente menos ilustrada nas províncias de Pernambuco, Alagoas, Parahyba e Sergipe.
> Nos últimos dias de dezembro passado, começou o povo a reunir-se em grupos armados em diferentes comarcas da província de Pernambuco, e puseram em sobressalto a população pacífica; ameaçando a vida dos juízes de paz e de seus escrivães, fazendo fugir algumas autoridades policiais e prendendo outras; invadindo as Igrejas matrizes na ocasião da celebração da missa conventual para impedir que os párocos dessem publicidade ao Regulamento e revoltando-se contra as pessoas mais ilustradas, que intentavam convencê-los do erro em que estavam. (Relatório do Ministério de Justiça, 1851, p.04).

Para melhor compreensão do ocorrido, vale lembrar que até então o controle dos nascimentos, casamentos e óbitos era registrado em livros eclesiásticos separados de acordo com o *status* da pessoa, havendo um livro próprio para livres e outro para pessoas escravizadas. Com a nova determinação imperial, escravizados e livres estariam unidos nos livros de registro de nascimentos e óbitos. Assim, apesar do artigo 33 do referido decreto prever que os livros eclesiásticos continuam a servir como prova de batismos e casamentos, o registro oficial referente aos controles de morte e nascimento passaria a ser realizado pelo juiz de paz. Daí porque a preocupação dos párocos com os prejuízos de rendimentos decorrentes da nova sistemática.

Mas qual fundamento de tamanho temor por parte da "gente menos ilustrada"? Os referidos decretos surgiram pouco tempo depois da Lei nº 581, de 4 de setembro de 1850, que reiterou a proibição do tráfico de africanos no Brasil, e alimentaram rumores de que, diante da crise de escassez de mão de obra decorrente do fim do comércio transatlântico de africanos, só restaria ao governo a opção de escravizar a gente livre de cor.

Ao longo do século XIX, a camada das "pessoas livres de cor" apresentou crescimento mais rápido que o da população branca (CARNEIRO DA CUNHA, 1985, p.22) e, sendo diferentes dos brancos em virtude da cor, o que os distinguia daqueles outros de mesma cor, porém escravizados, era o critério da condição legal.

Apesar de gozar do *status* civil da liberdade, o fato de possuir a cor característica do cativeiro dava o tom da fragilidade da experiência de liberdade desta ampla parcela da sociedade. Nesse contexto, estando escravizados e livres de cor reunidos num mesmo espaço formal, num mesmo registro, a população entendeu que restaria ainda menos visível a fronteira real entre o cativeiro e as pessoas livres de cor. Assim, não tardou para que a Lei dos Registros ficasse conhecida como "lei do cativeiro" e animasse a luta contra o risco da redução à escravidão deste setor popular (PALACIOS Y OLIVARES, 2006, p.12).

O fato de as agitações populares em torno da lei terem assumido proporção tão grande justamente nas províncias nordestinas guarda relação com o aumento do tráfico interprovincial das regiões Sul[54] e Nordeste para azeitar a produção cafeeira da região Sudeste. Ainda que o setor popular envolvido nas revoltas não fosse "ilustrado", não estavam de todo enganados acerca da premência de braços para o trabalho no café. Embora a estrutura do tráfico interprovincial não estivesse tão azeitada durante o primeiro biênio posterior à Lei de 1850, é possível encontrar informações quanto à vigência de tal prática durante o período:

> As três províncias da região Sul, juntamente com algumas do Nordeste, foram as maiores exportadoras de escravos para os municípios cafeeiros do Sudeste, durante as três décadas de vigência do tráfico interno, de 1850 até 1880-1881, quando as províncias cafeeiras implantaram taxas proibitivas de importação de novos escravos, temendo que o desequilíbrio regional pudesse conduzir as províncias exportadoras a apoiar a abolição. (PENA, 2006, p.164).

---

54 Para dados mais atualizados acerca da dimensão do tráfico interprovincial na região Sul rumo ao Sudeste, ver: ARAÚJO, Thiago Leitão de. A persistência da escravidão: população, economia e o tráfico interprovincial (Província de São Pedro, segunda metade do século XIX). *In*: XAVIER, Regina Célia Lima. (Org.). **Escravidão e Liberdade**. Temas, problemas e perspectivas de análise. São Paulo: Alameda, 2012. p. 229-254.

Com destaque para a Revolta do Ronco da Abelha e a Guerra dos Marimbondos, a série de insurreições que sacudiu as províncias do nordeste brasileiro são melhor entendidas se consideradas enquanto manifestações que deixam clara a tensão entre o Estado e os setores populares em resposta às diversas tentativas de controle da mãodeobra livre (PALACIOS Y OLIVARES, 2006; OLIVEIRA, 2006). Não se pode perder de vista que a tradição escravista da sociedade, amparada no trabalho compulsório, encontrava dificuldades para se adequar à gradual transição ao trabalho livre.

> "A relutância dos livres ao trabalho" assalariado não deve ser apenas um mito. O que mais aparece nas descrições e reclamações dos fazendeiros ao longo do século XIX é a teimosia do livre pobre em se ater ao nível de subsistência. A ausência de uma ética de trabalho, de uma motivação para a acumulação, é constantemente deplorada e muitas vezes ridicularizadas: "Ignorância, teimosia e auto-importância permanecem os traços mais fortes do caráter do trabalhador livre" (Goring a Aberden, Pernambuco, 16 de maio de 1845, PP, Confidential Prints nº 316)" [...]Sobravam, enfim, os mecanismos de coerção extra-econômicos para compelirem os livres pobres a se assalariarem. Aparentemente, o Conselho Provincial do Maranhão teria feito, por volta de 1840, exigências quanto à apresentação pessoal e moradia dos livres, no intuito de compeli-los ao trabalho, sob pena de serem recrutados para o serviço militar e serem mandados para o Rio Grande do Sul [...] Por todas essas razões, parece-me, o trabalho escravo continuava sendo o mais seguro. Vários depoimentos de senhores de escravos estabeleciam isso com a maior clareza: o trabalho escravo é um 'trabalho mais regular'. (CARNEIRO DA CUNHA, 1985, p.60).

Os embates entre Estado e a população livre e as consequentes estratégias de coerção ao trabalho e a ridicularização daqueles não dispostos a inserir-se nesta nova lógica de produção demonstram ser chaves interpretativas apropriadas para a análise das revoltas contra as leis de 1851. Nos relatórios dos presidentes de província, no relatório do Ministério da Justiça e nos documentos e correspondências entre as autoridades, é comum referir-se aos revoltosos atribuindo-lhes qualificações como "rudes", "ignorantes", "plebeus" e "vagabundos" (CHALHOUB, 2012; PALACIOS Y OLIVARES, 2006; OLIVEIRA, 2006).

Henrique Espada Lima Filho (2005) destaca que a introdução do mercado de trabalho livre no século XIX não ocorreu de modo homogêneo e sem atritos em lugar algum do mundo. Ao apontar para a diversidade de características dos arranjos de trabalho não escravo que se poderiam verificar neste período – tais como trabalho compulsório, tutela e contrato –, o autor apresenta importante reflexão no sentido de desconstruir a ideia de liberdade enquanto conceito unívoco e questionar a qualidade e os graus da liberdade experimentada nas experiências de trabalho livre daquele momento. Isto porque, "nas sociedades escravistas do século XIX, 'liberdade' e 'escravidão' são termos sobretudos jurídicos que se referem à propriedade e não são automaticamente traduzíveis como 'trabalho livre' e 'trabalho escravo'" (LIMA, 2005, p.299).

Em última instância, a característica mais marcante das manifestações decorrentes dos decretos que instituíam o registro obrigatório é a defesa, ainda que indireta, da manutenção do *status quo* escravista. O medo do homem livre de cor de ser reduzido à escravidão evidencia o temor pelo fim da fronteira entre os escravizados negros e aqueles pobres, ainda que negros, livres e poupados da "sujeição completa ao trabalho nas *plantations*. Enquanto houvesse escravos, o homem pobre continuaria sendo pobre, mas livre" (PALACIOS Y OLIVARES, 2006, p. 07).

Apesar de reconhecer a precariedade da experiência de liberdade das pessoas pobres e livres de cor, é importante não tomar a possibilidade de redução à escravidão como uma determinante fatalista na vida de todos os integrantes desta camada da população. Ao longo desta pesquisa, foi testada a hipótese de que o fantasma do cativeiro ilegal se fazia realidade mais concreta na vida daqueles mais pobres e vulneráveis que não estivessem inseridos em redes sociais de solidariedade.

Além do que, do mesmo modo que diversas pesquisas demonstram a capacidade de escravos e libertos desenvolverem mecanismos de relações que garantissem margens de negociação sobre condições de vida, o mesmo se pode inferir a respeito das possibilidades de conquista de estratégias de sobrevivência dos livres de cor (FREITAS, 1994, p.614).

1.2 AÇÕES DE ESCRAVIDÃO E AÇÕES DE LIBERDADE: O JUDICIÁRIO ENTRE A REESCRAVIZAÇÃO E A MANUTENÇÃO DE LIBERDADE

A precariedade da liberdade experimentada pelos libertos e livres de cor no Brasil tem como registros históricos, por exemplo, inúmeros processos judiciais ajuizados ao longo dos séculos XVIII e XIX para defesa do direito à liberdade destas pessoas contra o cativeiro ilegal. O uso do Direito para defesa de pleitos desta ordem vem sendo estudado por diversos autores[55] que demonstram como o espaço jurídico serviu de cenário para reivindicações em benefício da liberdade.

Quase sempre estas demandas constituíam ações cíveis de liberdade movidas por advogados ou rábulas, representantes de cativos e libertos que buscavam o reconhecimento da liberdade. Acerca das ações cíveis de liberdade, é importante distinguir que existiam aquelas impetradas em busca da liberdade de pessoas ainda escravizadas e as que pleiteavam a defesa da manutenção de liberdade de pessoas livres ou libertas ilegalmente mantidas em cativeiro.

Entre as possibilidades de fundamento jurídico para a defesa da liberdade apresentadas no século XIX, destacam-se as previsões de alforria contidas na legislação, a exemplo da liberdade decorrente do tráfico ilegal, com fundamentos nas leis de 1831 e 1850; podendo ser, ainda, alegada como argumento para liberdade a ausência da realização da matrícula prevista pelo art.8º da Lei nº 2.040, de 28 de setembro de 1871. Outras vezes, através das referidas ações, buscava-se a compra da alforria mediante pecúlio[56] acumulado pelo libertando, conforme previsão da Lei do Ventre Livre. De acordo com o previsto no parágrafo 4º do art. 6º da Lei do Ventre Livre, era possível também alegar o abandono[57] do escravizado

---

55 AZEVEDO, Elciene. **O direito dos escravos**: lutas jurídicas e abolicionismo na província de São Paulo. Campinas: Editora Unicamp, 2010; CHALHOUB, Sidney. **Visões da Liberdade**: uma história das últimas décadas da escravidão na Corte. São Paulo: Companhia das Letras, 1990; GRINBERG, Keila. **Liberata, a lei da ambiguidade**, Rio de Janeiro: Relume Dumará, 1994; SILVA, Ricardo Tadeu Caires. **Os escravos vão à justiça**: a resistência escrava através das ações de liberdade. Bahia, século XIX. Dissertação (Mestrado em História) – Faculdade de Filosofia e Ciência Humanas, Universidade Federal da Bahia, Salvador, 2000.

56 Antes da referida lei, não era permitido ao cativo possuir renda própria. Um dos fundamentos de tal proibição reside no Livro V, título LXX, das Ordenações Filipinas, que proibia os escravos de "viverem sobre si". A despeito de tal proibição era verificada grande distância entre a realidade e a prática existindo diversas pesquisas que encontram casos de pessoas escravizadas, principalmente os escravos de ganho, que "viviam sobre si" e possuíam relativa autonomia através de negociações com os proprietários. (REIS, SILVA, 1989; CHALHOUB, 1990).

57 Importante destacar que a possibilidade de liberdade decorrente do abandono não foi uma novidade estabelecida pela Lei do Ventre Livre. Na verdade, tal

pelo senhor como justo argumento em defesa da saída do cativeiro. Acerca da importância da lei de 1871[58] e das previsões que trazia:

> O texto final da lei de 28 de setembro foi o reconhecimento legal de uma série de direitos que os escravos haviam adquirido pelo costume e a aceitação de alguns objetivos das lutas dos negros. [...] Na verdade, a lei de 28 de setembro pode ser interpretada como exemplo de uma lei cujas disposições mais importantes foram "arrancadas" dos escravos às classes proprietárias. (CHALHOUB, 1990, p.159-160)

Se a lei de setembro de 1871 pode ser considerada como relativa vitória para a defesa da liberdade, o mesmo não se pode dizer da Lei dos Sexagenários – Lei nº 3.270, de 1885, outra previsão legal que também poderia ser invocada nas ações de liberdade nos casos em que o cativo atingia a idade prevista na lei e, à revelia da previsão legal, continuava mantido em cativeiro.

Na prática, a referida lei favoreceu muito mais os proprietários que a população escravizada, pois, ao determinar uma tabela com valores fixos para as indenizações que deveriam ser pagas aos senhores, a referida previsão terminou estabelecendo valores muito superiores aos quais geralmente eram avaliados os escravizados. Assim, terminou por dificultar o acesso da liberdade mediante pecúlio, já que agora seria preciso acumular maior quantia para compra da liberdade (SILVA, 2000).

A possibilidade de recorrer à justiça para defesa da liberdade a partir destas ações simboliza a intervenção do Estado, através do Poder Judiciário, numa seara privada, onde tradicionalmente vigorava o direito costumeiro e o direito de propriedade. Isto é, o poder de alforriar já não estava mais restrito nas mãos do senhor, e, à medida que o Estado pudesse intervir nesta relação determinando que fosse concedida a alforria à revelia dos senhores, terminava por relativizar o domínio que estes detinham sobre os cativos. Sidney Chalhoub pondera que as ações de liberdade alteram

---

prática encontra sua origem no Direito romano e é aplicada no Brasil desde a época colonial.

58 O texto da Lei do Ventre Livre previa, ainda, a criação do Fundo de Emancipação. O art. 3º dispunha que seriam "anualmente libertados em cada Província do Império tantos escravos quantos corresponderem á quota anualmente disponível do fundo destinado para a emancipação".

uma realidade na qual a concentração do poder de alforriar exclusivamente nas mãos dos senhores fazia parte de uma ampla estratégia de produção de dependentes, de transformação de ex-escravos em negros libertos ainda fiéis e submissos a seus antigos senhores. (CHALHOUB, 1990, p.100)

Ressaltando o aspecto da alforria enquanto prerrogativa senhorial, Perdigão Malheiro destaca que, para a validade da relação jurídica que concedia a liberdade, era exigida a capacidade daquele que praticou o ato, sendo que seria decretada sua nulidade caso apresentasse vícios tais como a falsidade, o erro substancial, a ausência de vontade, a violência ou a coação, a incapacidade do autor do ato e outras hipóteses semelhantes. No entanto, segundo o entendimento do jurisconsulto, a verificação das hipóteses de anulação da alforria não possuía o condão de devolver o indivíduo ao cativeiro:

> Mas ainda aqui a lei favorece as liberdades. Assim, posto que falso o título, o testamento, por exemplo, se o herdeiro ou legatário libertou o escravo, não volta este ao cativeiro; há apenas lugar à indenização; se o erro não é essencial, igualmente; se o senhor é coagido, não pelo escravo, nem pelo povo, nas manumissões por modo não solene, era válida a manumissão, por Direito romano; se o menor incapaz de libertar, exceto por justa causa, iludia, nem por isto deixava de ser valiosa a manumissão. (MALHEIRO, 1998, p.62)

Por outro lado, o entendimento do livro 4, título 63, parágrafo 7 e seguintes – Das doações e alforrias que se podem revogar por causa de ingratidão – das Ordenações Filipinas, era no sentido de restringir a liberdade outorgada mediante a possibilidade de revogação das alforrias concedidas pelos senhores, caso aquele que foi beneficiado incorresse em ingratidão contra o responsável pela concessão da alforria.

Sobre as ações de escravidão decorrentes de ingratidão, Fernanda Pinheiro (2013) destaca que a interpretação de Perdigão Malheiro acerca da quase ausência de tal prática nos tribunais contribuiu para que o tema da reescravização se mantivesse como um dos ainda pouco explorados pela historiografia. Segundo a autora, a escolha do jurisconsulto em minimizar a real dimensão da ocorrência das ações de escravidão fazia parte de estratégia argumentativa em busca do esquecimento e consequentemente fim da existência de tais tipos de ações às quais o mesmo se opunha (PINHEIRO, 2013, p.89).

A pesquisa de Fernanda Pinheiro (2013) verifica que, durante o século XVIII, houve ações de escravidão ajuizadas no Brasil e em Portugal com o objetivo de revogar a alforria em virtude de ingratidão e reconduzir ao cativeiro pessoas anteriormente libertas. Pinheiro (2013, p.182) destaca que, além da revogação da alforria, outro motivo encontrado para iniciar uma ação cível de redução ao cativeiro era a afirmação de que tal título era falso ou nulo. Ao lado das ações que buscavam a reescravização, a autora encontrou processos ajuizados por libertos para manutenção da liberdade[59].

A pesquisa de Fernanda Pinheiro, ao evidenciar a prática das ações de escravidão, demonstra que nem sempre a redução de pessoas livres ao cativeiro era feita de maneira ilegal. Demonstra que, apesar da força do poder senhorial na sociedade escravista, não foram raros os casos de proprietários que, em vez de recorrer à condução criminosa de libertos ao cativeiro, buscaram a justiça para garantir o reconhecimento do direito de propriedade.

Em estudo acerca do ajuizamento de ações de escravidão ao longo do século XIX, Keila Grinberg (2006) analisa 110 ações de escravidão e manutenção de liberdade que chegaram à Corte de Apelação do Rio de Janeiro. Entre os principais fundamentos jurídicos encontrados nas ações de escravidão e nas de manutenção de liberdade, Grinberg constatou a recorrência no uso da seguinte legislação: a) a inviolabilidade dos direitos civis e políticos dos cidadãos: liberdade, segurança e propriedade, conforme previsão do artigo 179 da Constituição Imperial; b) o livro 4, título 11, parágrafo 4, das Ordenações Filipinas e a previsão de que são maiores as razões a favor da liberdade que a favor do cativeiro; c) lei de 6 de junho de 1775, que serve de fundamento ao direito de liberdade dos índios; d) livro 4, título 63, das Ordenações Filipinas, acerca da possibilidade de revogação da alforria.

A partir da década de 1860, a autora verifica uma diminuição das demandas por reescravização em virtude de revogação da alforria por ingratidão,

---

59 Andrei Koerner apresenta casos em que o *habeascorpus* foi utilizado em defesa de libertos contra tentativas de reescravização. A título de exemplo, transcrevemos um dos casos apresentados: "*Habeas-corpus* envolvendo a análise da validade do título legal de liberdade contestado pelo senhor. Neste caso, colocavam-se os problemas dos requisitos do título de liberdade, os efeitos de sua contestação pelo ex-senhor e os procedimentos que este deveria adotar. Anfilófio B. Freire de Carvalho, juiz de direito de Areias, concedeu *habeas-corpus* preventivo para impedir a reescravização de Angelino Manoel José Nogueira, liberto que estava sujeito à ameaça de apreensão judicial como escravo" (KOERNER, 1999, p.147).

ao mesmo tempo se verifica um aumento das demandas por manutenção de liberdade de libertos ameaçados por iniciativas de retorno ao cativeiro. Ou seja, num primeiro momento, são encontrados argumentos capazes de beneficiar as pretensões dos senhores em detrimento da situação dos escravizados. Além de servir como uma espécie de termômetro acerca do funcionamento da justiça nos casos em que estava em disputa a permanência no estado de liberdade ou a volta ao cativeiro, as conclusões obtidas por Grinberg demonstram que o decréscimo do ajuizamento de ações de escravidão ao longo da segunda metade do século XIX evidencia a paulatina perda de legitimidade que este tipo de ação experimentava no judiciário.

Além da pouca legitimidade de que passa a gozar a ação judicial que buscar reconduzir indivíduo à situação de cativeiro, outro óbice que se apresentava ao recurso à via judicial para efetivar a reescravização de libertos era o prazo prescricional das ações de escravidão. Segundo Lenine Nequete (1988[a]), era considerado o prazo de cinco anos para prescrição do direito de ajuizar a ação de escravidão. Tal prazo seria decorrente do estabelecido no Alvará de 10 de março de 1682, que previa a possibilidade de os senhores de escravos fugidos para quilombos intentarem reaver a propriedade sobre os mesmos através de ação de escravidão, desde que não houvesse decorrido tempo maior que cinco anos depois que se verificou a pacífica posse da liberdade pelo escravizado. Transcrevemos a previsão do dito alvará:

> Estando de fato livre o que por direito deve ser escravo, poderá ser demandado pelo senhor por tempo de cinco anos somente, contados do dia em que foi tornado à minha obediência (isto é, contados da data em que a posse da liberdade houvesse se tornado pacífica); no fim do qual tempo se entenderá prescrita a dita ação, por não ser conveniente ao Governo Político do dito meu Estado do Brasil que por mais do dito tempo esteja incerta a liberdade nos que a possuem, não devendo o descuido ou negligência fora dele aproveitar aos senhores. (Alvará de 10 de março de 1682, *apud* NEQUETE, 1988a, p.133)

Ao analisar as possibilidades de defesa judicial da liberdade da pessoa escravizada, Lenine Nequete transcreve as lições do jurista Adolfo Tácito da Costa Cirne, autor da obra Ações Sumárias, publicada em 1885. Ao classificar as ações de liberdade, Cirne considera a existência de quatro espécies dessas ações: a) de liberdade oprimida; b) de liberdade por pecúlio; c) de liberdade pelo fundo e emancipação; d) de liberdade por disposição de lei. A ação de liberdade oprimida é definida pelo autor como sendo o meio competente para defesa daquele que "sendo de condição livre, acha-se entretanto sujeito a injusto e ilegal cativeiro" (CIRNE, 1930, *apud* NEQUETE, 1988a, p.166).

A interpretação deste jurista do século XIX, ao julgar o manejo de um tipo de ação cível de liberdade como a mais indicada para defesa processual nos casos de escravização ilegal de pessoas livres, demonstra que o caráter criminoso do ato de reduzir pessoa livre à escravidão parecia ficar em segundo plano frente ao pleito de defesa da liberdade

Como possível interpretação acerca da formulação de Adolfo Cirne e trazida por Lenine Nequete, arriscamos levantar a hipótese de que o entendimento de Cirne parece sugerir que a punição do crime de reduzir pessoa livre à escravidão se constitui enquanto fato de Direito criminal que pode ser relegado ao segundo plano frente à defesa da liberdade, "o sagrado direito que se procura acautelar" (CIRNE, 1930, *apud* NEQUETE, 1988a, p.167).

O autor demonstra, ainda, como as ações de liberdade oprimida gozam do que ele chama de "certos favores legais" (CIRNE, 1930, *apud* NEQUETE, 1988a, p.167) como o procedimento sumário; a isenção de custas; a impossibilidade de conciliação; a obrigatoriedade de que o réu suporte o ônus da prova, bem como a orientação para que, em caso de dúvida, o juiz julgue a favor da liberdade.

Apesar das previsões legais acerca da possibilidade de defesa judicial das pessoas submetidas a cativeiro ilegal e da aparente deslegitimação das ações de escravidão a partir da década de 1850, não se pode perder de vista que a diminuição judicial dos pleitos por reescravização de libertos e livres de cor não serve como indício do fim da prática de reduzir pessoas livres à escravidão na sociedade escravista do Brasil oitocentista. A liberdade dos livres e libertos de cor seguia vulnerável à ilegalidade das recorrentes manobras para a redução de pessoas livres ao cativeiro praticadas pelos senhores de escravos.

1.3 POR UMA TENTATIVA DE GENEALOGIA DA PREVISÃO DO CRIME DE REDUZIR PESSOA LIVRE À ESCRAVIDÃO NO CÓDIGO CRIMINAL DO IMPÉRIO

A Constituição de 1824, no inciso XVIII, do artigo 179, previa a organização dos Códigos Civil e Criminal fundados nas bases da justiça e equidade, cuja elaboração deveria dar-se o quanto antes. A necessidade de urgência na elaboração das codificações referidas pelo texto constitucional se insere no contexto das medidas jurídicas necessárias para garantir a estabilidade política e judiciária para a nação em construção (SLEMIAN, 2008).

O processo de independência no Brasil e as decorrentes discussões sobre a necessidade de elaborar e sistematizar uma legislação nacional própria guardam relação com as matrizes político-jurídicas do liberalismo que orientavam a elite política e intelectual local, empenhadas no intento de substituir a legislação de Portugal, que até então era aplicada e há muito se mostrava incongruente com as necessidades e especificidades locais.

Ao analisar o caráter não revolucionário, conservador e elitista da Independência do Brasil ocorrida em 1822, Antonio Carlos Wolkmer (2012) destaca a natureza e especificidade do liberalismo pátrio. Distinto do liberalismo europeu, que surge como ideologia de ruptura dos novos setores emergentes em oposição aos privilégios da nobreza, o liberalismo brasileiro é concebido de modo a "servir de suporte aos interesses das oligarquias, dos grandes proprietários de terra e do clientelismo vinculado ao monarquismo imperial" (2012, p.103).

Entre os principais fatores responsáveis pelos limites do liberalismo brasileiro está a presença da escravidão como base fundamental da economia e das relações sociais, realidade incongruente com o princípio básico liberal de proteção das garantias e dos direitos individuais.

Além do aspecto conservador, o liberalismo que tem lugar na sociedade extremamente hierarquizada do Brasil pós-independência é essencialmente "juridicista" (WOLKMER, 2012, p.108), marcado pelo apego à retórica e ao formalismo normativo. É neste cenário que se configura o nascimento da cultura jurídica, cabendo aos bacharéis em Direito a tarefa primordial de formação da elite burocrática nacional, responsável pela concepção e condução da vida política da nação e do arcabouço jurídico necessário para assegurar a ordem e fortalecer a consolidação da soberania do nascente Estado brasileiro.

Denominados por Jurandir Malerba (1994) como "bacharéis da chibata" em virtude da vinculação destes intelectuais com a manutenção do escravismo, é importante observar que inicialmente estes bacharéis eram formados por universidades europeias, em especial pela Universidade de Coimbra. Diante da necessidade do Estado nacional de formar uma elite intelectual independente, teve lugar a criação dos primeiros cursos jurídicos no país, através da Lei de 11 de agosto de 1827[60].

As ambiguidades do projeto nacional são refletidas nas legislações elaboradas após a independência. O primeiro dos textos elaborados, a Constituição de 1824, trouxe em seu bojo a opção inaugural do Brasil em manter tacitamente a escravidão ao proteger o direito de propriedade em toda sua plenitude sem qualquer previsão acerca da possibilidade de emancipação gradual da parcela escravizada da população. Neste sentido, Vera Andrade (2003, p.42) destaca que o discurso jurídico de cidadania no Brasil, já a partir da Constituição liberal, atendeu à lógica discursiva liberal e buscou a manutenção do *status quo* caracterizado pela desigualdade social que separa os indivíduos:

> É precisamente a conjugação aparentemente híbrida dessas matrizes [epistemologia positivista e matriz liberal importada da Europa] que define o ideário da cultura jurídica dominante no Brasil. Trata-se, portanto, de uma cultura jurídica positivista, de inspiração liberal, cujas bases paradigmáticas determinam as condições de possibilidade do discurso jurídico dominante sobre a cidadania. (ANDRADE, 1993, p.34)

Previsto entre os crimes contra a liberdade individual, o crime de reduzir à escravidão pessoa livre que se ache em posse da sua liberdade está afinado com os ideais iluministas de garantia dos direitos e liberdades individuais. A constatação da precária experiência de liberdade da população negra nos impõe a necessidade compreender o contexto político e jurídico que conduz à criminalização da conduta tipificada no artigo 179 do Código Criminal.

---

60 Acerca da relação entre a criação das primeiras faculdades de Direito e o projeto de formação de quadros intelectuais para a burocracia do Estado recém independente: "Profundamente vinculados à lógica e dinâmica que marcaram a independência política brasileira em 1822, já em seu momento de nascimento, esses estabelecimentos pareciam responder à necessidade de conformar quadros autônomos de atuação e de criar uma *intelligentsia* local apta a enfrentar os problemas da nação. Nas mãos desses juristas estaria, portanto, parte da responsabilidade de fundar uma nova imagem para o país se mirar, inventar novos modelos para essa nação que acaba de se desvincular do estatuto colonial, com todas as singularidades de um país que se libertava da metrópole mas mantinha no comando um monarca português" (SCHWARCZ, 1993, p.141).

Vivian Chieregati Costa (2013), em minucioso trabalho de investigação acerca da primeira codificação criminal no Brasil, aponta para a especificidade do diploma nacional ao prever a pirataria (Arts. 82, 83 e 84) entre os crimes contra a segurança externa do país. Entre os textos legais por ela analisados que influenciaram o Código de 1830 a previsão de crime semelhante foi encontrada apenas no Projeto de Código Criminal de Pascoal de Melo Freire (Título XIV, §5º). Outra singularidade salientada pela autora é que, entre os crimes públicos, a pena atribuída ao delito de pirataria era, ao lado do crime de insurreição, aquele que apresentava punições mais severas, incluindo até mesmo a pena de galés perpétuas (COSTA, 2013, p. 234). Por fim, a autora apresenta importante chave interpretativa para compreensão do artigo 179 do Código Criminal:

> A análise das prescrições do crime de pirataria, contudo, tanto no projeto de Vasconcelos, quanto no de Clemente Pereira e no texto final de 1830, não confirmaram esta impressão [repressão ao tráfico de escravos], haja vista seu absoluto silêncio no tocante ao comércio de cativos. A lei de 7 de novembro de 1831, por sua vez, pareceu-nos confirmar que, de fato, não era por conta do tráfico de escravos que o crime de pirataria havia sido regulado pelo Código de 1830, já que, pelo artigo 2º desta lei, ficavam prescritas, aos traficantes condenados, as penas estabelecidas pelo artigo 179 do código, relativo não ao crime de pirataria, mas sim ao de redução de pessoa livre à escravidão. (COSTA, 2013, p.235)

A partir da pista fornecida por Vivian Chieregati Costa, parece importante refletir acerca da opção legislativa de não incluir a prática dos traficantes de escravizados entre aquelas hipóteses relacionadas à ocorrência do crime de pirataria já que tal previsão estava contida no tratado firmado entre Brasil e Inglaterra em 26 de novembro de 1826. Ao juízo de conveniência dos legisladores, o comércio ilegal de cativos parece estar distante dos delitos públicos que podem ameaçar a independência, a integridade e a dignidade da nação.

Da tipificação da conduta de reduzir pessoa livre à escravidão enquanto crime particular contra a liberdade individual, resulta que os responsáveis por tal ação estariam protegidos das severas punições aplicadas ao crime de pirataria. Em última análise, seria minimizada não apenas a gravidade da prática do contrabando ilegal, bem como as consequências para a ordem pública advindas da introdução criminosa em território nacional de seres humanos para o cativeiro.

Ao analisar a redução de pessoas livres de cor reduzidas à escravidão injusta, Judy Bieber Freitas afirma mesmo que a previsão do artigo 179 do Código Criminal do Império teria como objeto criminalizar a conduta daqueles envolvidos na importação ilegal de africanos pós-1831 (FREITAS, 1994, p.618).

Por outro lado, parece sugestiva a previsão detalhada do crime de pirataria ao elencar as ações criminosas contra embarcações que navegassem nos mares brasileiros.

> Art. 82. Exercitar pirataria; e este crime julgar-se-ha commettido:
> 1º Praticando no mar qualquer acto de depredação, ou de violencia, ou contra Brazileiros, ou contra estrangeiros, com quem o Brazil não esteja em guerra.
> 2º Abusando da Carta de Corso, legitimamente concedida, para praticar hostilidades, ou contra navios brazileiros, ou de outras nações, que não fosse autorizado para hostilisar.
> 3º Apossando-se alguem do navio, de cuja equipagem fizer parte, por meio de fraude, ou violencia contra o Commandante.
> 4º Entregando alguem aos piratas, ou ao inimigo, um navio, a cuja equipagem pertencer.
> 5º Oppondo-se alguem por ameaças, ou por violencia, a que o Commandante, ou tripolação defenda o navio em occasião de ser atacado por piratas, ou pelo inimigo.
> Penas - de galés perpétuas no gráo maximo; de prisão com trabalho por vinte annos no médio; e por dez no minimo.
> 6º Aceitando Carta de Corso de um Governo estrangeiro sem competente autorização.
> Penas - de prisão com trabalho por dous a oito annos.

Em tempos de disputas políticas e diplomáticas para afirmação da soberania nacional sobre toda a extensão do território, a previsão do delito parece ser um libelo contra aqueles que se insinuavam no sentido de intervir na fiscalização da faixa de Oceano Atlântico considerada sob controle do Império brasileiro, principalmente a Inglaterra[61], em seu esforço de abolir o tráfico atlântico de escravizados. Nesse sentido, vale trazer o manifesto do deputado João Manoel da Silva Pereira contra a

---

61 Para primoroso estudo sobre as relações políticas entre Brasil e Inglaterra em torno do problema da proibição do tráfico negreiro, ver PARRON, Tâmis Peixoto. **A Política Da Escravidão No Império Do Brasil, 1826-1865**. Dissertação (Mestrado em História Social) – Universidade de São Paulo, São Paulo, 2009.

intervenção na autonomia do império perpetrada pelas iniciativas da marinha inglesa:

> Esta rapacidade é atestada por todos os navegantes, e a provaremos, se for necessário, com exemplos próprios e estranhos, visto que, neste ponto, nosso fim é tornar mui claro esse espírito de pirataria da marinha inglesa, empregada na repressão ao tráfico de escravos, e a guerra que ela faz ao gênero humano com a bandeira da filantropia, hasteada nos principais mastros de suas embarcações de guerra. (PEREIRA, 1845, p.96-97).

Deixando de lado as considerações acerca do crime de pirataria e voltando para a previsão do crime de reduzir pessoa livre à escravidão, cumpre ressaltar que, entre os textos legais que influenciaram o Código Criminal do Império, está o projeto de sistema penal[62] de Edward Livingston apresentado em 1822 como projeto para o estado norte-americano da Luisiana (COSTA, 2013). Em estudo das discussões parlamentares acerca da formulação do Código Criminal, Mônica Duarte Dantas nos informa que:

> Em 21 de maio de 1829, mais de três meses antes da comissão mista apresentar – a partir das bases de Clemente Pereira e do projeto de Vasconcelos – sua proposta de Código Criminal, o taquígrafo anotara nos anais da câmara a seguinte informação: "A oferta feita pelo cidadão João Clemente Vieira Souto de um exemplar da tradução do projeto de código penal para a Luisiana, foi recebida com agrado". É provável que o texto entregue fosse uma tradução do plano para o código penal da Luisiana que Edward Livingston apresentou – impresso tanto em inglês como em francês – ao legislativo daquele estado norte-americano em março de 1822. (DANTAS, 2011, p.290).

Monica Dantas (2011, p.292) encontra, ainda, novo registro de que, aproximadamente um ano depois, em 12 de maio de 1830, um outro cidadão faz nova entrega à comissão de um exemplar em inglês do código criminal da Luisiana, A system of penal law for the state of Lousiana, que muito provavelmente já se tratava da obra completa. A partir das informações apresentadas por Dantas acerca do contato direto que os elaboradores do Código Criminal tiveram com a obra de Livingston, partimos para uma análise atenta do texto norte-americano e nos depa-

---

62 A System of Penal Law prepared for the State of Louisiana. New-Orleans: printed by James Kay, Jun and Co, 1833.

ramos com a existência da criminalização da conduta de escravização de pessoas livres:

> Art. 452. Se a ofensa [aprisionamento ilegal agravado pelo propósito ou pelo grau] for cometida contra uma pessoa livre com a finalidade de retê-la ou dispor dela como escravo, sabendo que a pessoa livre é livre, a punição deve ser não inferior a quinhentos dólares e não deve ser maior que mil dólares, além de prisão com trabalho forçado por período não inferior a dois ou maior que quatro anos [63] (LIVINGSTON, 1833, p. 433, tradução nossa).

Da leitura do trecho transcrito, hipotetiza-se que, muito provavelmente, a inspiração para a previsão do crime de reduzir pessoa livre à escravidão foi o artigo 452 do *Code of Crimes and Punishment*, de Livingston, que previa o delito de aprisionamento ilegal agravado pelo propósito de submeter pessoa livre à condição de escravo. Buscando aprofundar tal hipótese, a leitura dos originais dos projetos de Código Criminal para o Império do Brasil apresentados por Clemente Pereira em 1826 e Bernardo Pereira de Vasconcellos em 4 de maio de 1827 nos revelou que, no projeto de Vasconcellos, já constava a previsão do crime de reduzir pessoa livre à escravidão:

> Art. 152 O que reduzir à escravidão o homem livre que se achar em posse de sua liberdade será punido com as penas de galés por cinco a vinte anos. E se o cativeiro injusto tiver sido de maior duração, a pena o excederá sempre à terça parte mais multa correspondente.

Resulta curioso observar que a previsão do crime de reduzir pessoa livre à escravidão já encontrava suas bases no Projeto do Código Criminal apresentado por Bernardo Pereira de Vasconcellos em 1827[64], ou seja,

---

63 "Art. 452. If the offence [false imprisonment aggravated by the purpose or the degree] be committed against a free person for the purpose of detaining or disposing of him as a slave, knowing such person to be free, the punishment shall be fine, not less than five hundred dollars nor more than five Thousand dollars, and imprisonment at hard labour, not less than two nor more than four years."

64 Agradeço a pesquisadora Vivian Chieregati Costa e a professora Dra. Mônica Duarte Dantas por disponibilizarem as seguintes fontes: PEREIRA, José Clemente. Projecto do Código Criminal do Império do Brasil. Biblioteca Nacional; seção de obras raras. Ex. 2: C, 05, 11. Projeto Especial (2001). Localização do microfilme: OR 00168[2]; "Projecto de Código Criminal

dois anos antes daquele primeiro registro acerca da entrega do exemplar do projeto de Livingston aos legisladores. Tal fato não invalida, porém, a possibilidade de que Vasconcellos já conhecera por conta própria a obra de Edward Livingston, posto que a mesma teve sua primeira versão publicada em 1822 em Nova Orleans, sendo posteriormente publicado em 1824 na Inglaterra e em 1825 na França (DANTAS, 2011, p.291).

Considerar a possibilidade de influência da obra de Livingston na previsão do crime proposto no artigo 152 do projeto apresentado por Vasconcellos parece ainda mais interessante se considerarmos a informação apresentada por Mônica Dantas acerca das reações dos parlamentares à proposta de tradução da obra de Livingston.

A proposta foi apresentada em 12 de maio de 1830 e Bernardo de Vasconcellos foi o único deputado a se opor à proposta de traduzir a legislação estrangeira. A autora explica que "Vasconcelos, por sua vez – a quem parecia que dos códigos nada se poderia tirar, pois, caso contrário 'outro há de ser o resultado de todo este trabalho' –, declarou votar contra o requerimento" (DANTAS, 2011, p.295) relativo à tradução do material escrito por Livingston.

De todo modo, ainda que não seja possível afirmar a inspiração de Vasconcelos no diploma estadunidense, a similitude entre a versão final do artigo que estabelece o crime de reduzir pessoa livre à escravidão, previsto no artigo 179 do Código Criminal, e o instituto elaborado por Livingston se verifica também no que tange à previsão da pena de multa combinada com a privativa de liberdade. No entanto, o diploma brasileiro estabelece maior duração da pena, entre três e nove anos, com a ressalva de que nunca o tempo de prisão seria menor que o do cativeiro injusto, e mais uma terça parte. Ainda sobre as características das penas privativas de liberdade previstas, enquanto o texto estrangeiro determinava a pena de prisão com trabalho, o código pátrio, apesar de regular tal tipo de pena[65] em seu artigo 46, prescrevia apenas a prisão simples do autor da conduta descrita do artigo 179.

---

    apresentado em sessão de 4 de maio de 1827 pelo deputado Bernardo Pereira de Vasconcellos", Anais do Parlamento Brasileiro – Câmara dos Srs. Deputados, 1829, tomo 3º, Rio de Janeiro, Typographia de Hypolito José Pinto & Cia, 1877.

65   Art. 46. A pena de prisão com trabalho obrigará os réos a occuparem-se diariamente no trabalho que lhes fôr destinado dentro do recinto das prisões, na conformidade dos regulamentos policiaes das mesmas prisões.

Outro ponto de aproximação entre o crime de reduzir pessoa livre à escravidão e o de aprisionamento de pessoas livres para fins de escravidão é a ressalva acerca da descrição de condição daquele que pode ser considerado vítima da ação. Enquanto o Código Criminal do Império prevê que o sujeito passivo é aquele que está "em posse da sua liberdade", o *Code of Procedures* prevê que o infrator conhece o estado de liberdade da pessoa por ele aprisionada.

No caso brasileiro, a prova da posse da liberdade da vítima constitui um dos principais pontos de debate jurídico e óbices para a caracterização do cativeiro ilegal e punição da conduta[66]. Ao que parece, se considerado em sua literalidade, o enunciado *"knowing such person to be free"* também pode dificultar a caracterização da conduta criminosa, já que deixa margem a averiguações de cunho subjetivo quanto à boa fé do suposto autor do crime.

Inobstante a previsão do elemento subjetivo relativo à má fé do acusado vir a constituir-se enquanto eventual impedimento para a caracterização da conduta penal, o *Code of Procedures,* livro III, integrante do projeto de Livingston, apresenta a possibilidade de manejo do *habeas corpus* como meio de assegurar a liberdade da pessoa que se diz submetida ao cativeiro ilegal. Além de tal possibilidade de defesa, o texto enuncia outra garantia à proteção da liberdade individual ao instituir prazo legal para a contestação da liberdade por aquele que se intitula proprietário da pessoa que demanda a liberdade.

> Art. 76. Quando uma pessoa reclama a condição de livre, estando sujeita à escravidão, o *habeas corpus* deve ser garantido para a defesa e sua apresentação deve conter evidências da liberdade capazes de contestar a pessoa que reclama a condição de escravidão, a menos que, no prazo de dez dias após a apresentação do *habeas corpus,* seja iniciado um processo civil no qual ele poderá obter o sequestro do corpo da pessoa que postula a liberdade desde que seja satisfeita a exigência da lei para estes casos e seja produzida evidência de sua propriedade, para que seja capaz de satisfazer o juiz de qualquer corte que conheça o caso, isto para os casos em que a parte é um escravo e o reclamante afirma ter direito aos seus serviços. Caso o pleito não seja apresentado dentro do tempo anteriormente referido, a parte que o possuía como escravo será para sempre impedido de reclamar

---

66 No Capítulo 2, será analisada a questão da posse da liberdade nos crimes de escravização ilegal de pessoas livres.

os serviços daquela pessoa; e o pedido de liberdade apresentado será considerado para fins de presunção de liberdade da parte que o apresentou, e será transferido o ônus de prova para aquela pessoa que o reclama como escravo.[67](LIVINGSTON, 1833, p.490, tradução nossa).

É interessante destacar que, ainda na introdução da obra, o jurisconsulto norte-americano ressalta que seu livro é o primeiro na Louisiana a apresentar um sistema de procedimentos detalhados sobre o *writ* do *habeas corpus* em defesa da liberdade. Em breve relato sobre a utilização do instituto na Inglaterra e em Roma, Edward Livingston destaca que tal remédio legal poderia ser associado ao interdito de *homine libero exhibendo* que era previsto pela lei romana apenas nos casos em que homens livres eram reclamados como escravos de outrem (LIVINGSTON, 1833, p.38).

Sobre a possibilidade de utilização do *habeas corpus* em favor de escravizados e libertos no direito brasileiro, até 1871 a legislação determinava que apenas aos cidadãos era reservado este direito de defesa, sendo que poderiam apresentar o pedido em defesa de estrangeiros e escravos. Somente com a Lei do Ventre Livre (Lei n° 2.040, de 28 de setembro de 1871) passou a ser prevista a possibilidade de uso do *habeas corpus* para manutenção da liberdade dos libertos[68] contra a reescravização arbitra-

---

67 "Art. 76. When a person claiming to be free, shall be held as a slave, relief may be granted by habeas corpus, and his discharge shall be full evidence of his liberty against the person claiming him as a slave, unless he shall within ten days after such discharge, institute a civil suit, in which he may obtain a sequestration of the body of the party so discharged, provided he give the security required by law in case of sequestration, and produce such evidence of his property, as will satisfy the judge of any court having cognizance of the cause, that the party is a slave, and the plaintiff is entitled to his services. But unless such suit be instituted, within the time aforesaid, the party who held him as a slave, shall be forever barred from making any claim to the services of the person so discharged; and on the trial of such suit, the discharge shall be presumptive evidence of the liberty of the party discharged, and throw the burden of proof on the person claiming him as a slave."

68 "Oliveira Machado afirmava que a questão da possibilidade de o escravo obter *habeas corpus* deveria ser resolvida a partir do direito do proprietário. Se o constrangimento fosse feito pelo senhor, era legal, pois era lícito recorrer à prisão correcional, assim como todo castigo moderado. Fora desse caso, prevalecia o princípio da liberdade natural do escravo. O escravo poderia

riamente tentada pela polícia ou pelo suposto proprietário (KOERNER, 1999, p.141).

Ainda no sentido de aprofundar o estudo sobre as características do delito previsto pelo Código Criminal Brasileiro, parece oportuno trazer como os juristas oitocentistas interpretavam a letra da lei relativa ao crime de reduzir à escravidão pessoa livre que se achasse em posse de sua liberdade.

Em comentários ao Código Criminal do Império, Braz Florentino Henrique de Souza (1858) analisou a previsão do artigo 179 e apenas recomendou consulta às leis de 7 de novembro de 1831 e 4 de setembro de 1850 que regiam o crime quando eram objeto dele os africanos. Ressaltou, ainda, que a Portaria de 21 de maio de 1831 já estabelecia que os responsáveis pelo cativeiro ilegal de africanos seriam punidos com as penas previstas no artigo 179 do Código Criminal. Comentários mais detalhados sobre o crime são encontrados no Código Criminal do Império do Brasil anotado pelo Conselheiro Vicente Alves de Paula Pessoa (1877) que apresenta interessante leitura sobre a conduta criminosa do cativeiro ilegal:

> Tratamos desta espécie [crime de redução de pessoa livre à escravidão] como curiosidade histórica, e não na suposição de que jamais haja necessidade de punir um tal crime neste país; pela impossibilidade de cometê-lo, mesmo pela oposição e repugnância geral relativamente a ele. (PAULA PESSOA, 1877, p. 294).

Inobstante a ressalva acerca do caráter quase pitoresco da conduta tipificada, Paula Pessoa apresenta jurisprudência sobre o crime e considerações acerca dos casos de tentativa e cumplicidade. Considerando a regra geral sobre a punição da tentativa disciplinada pelo art.34 do Código Criminal e tendo em vista que o texto das leis de proibição ao tráfico de 1831 e 1850 previa as sanções indicadas no artigo 179 do Código Criminal, Paula Pessoa comenta que incorrem na modalidade tentada do crime de reduzir pessoa livre à escravidão, devendo ser punidos com as mesmas penas do crime menos a terça parte aqueles que possuem embarcação com sinais de que era utilizada para a prática da importação de africanos. A cumplicidade do crime de cativeiro ilegal obedece à regra geral da sanção

---

demandar *habeas corpus* somente contra a justiça ou contra terceiro que constrangesse sua liberdade individual." (KOERNER, 1999, p.141).

da cumplicidade prevista no artigo 35 do Código Criminal que determina que a cumplicidade será punida com as penas da tentativa.

As evidências capazes de legitimar a presunção legal de que a embarcação participava do tráfico de escravizados e, por consequência, servirem de prova enquanto tentativa do crime aqui estudado, estão descritas no artigo 32 do Decreto nº 708, de 14 de outubro de 1850. É significativo observar que a precariedade da possibilidade de punição do crime na sua modalidade tentada se verifica nos enunciados da referida lei, que estabelece critérios ligados à subjetividade interpretativa daqueles que fazem a inspeção do navio:

> Art. 32. Os signaes, que constituem presumpção legal, de que huma embarcação se emprega no trafico de escravos, são os seguintes:
> 1º Escotilhas com grades abertas em vez das fechadas, que se usão nas embarcações mercantes.
> 2º Divisões, ou anteparos no porão ou na coberta **em maior quantidade que a necessaria** em embarcações de commercio licito.
> 3º Taboas de sobresalente preparadas para se collocarem como segunda coberta.
> 4º Quantidade d'agua em tonneis, tanques, ou em qualquer outro vasilhame **maior, que a necessaria** para o consumo da tripolação, passageiros, e gado, em relação á viagem.
> 5º Quantidade de grilhões, correntes, ou algemas, **maior que a necessaria** para a policia da embarcação.
> 6º Quantidade de bandejas, gamellas, ou celhas de rancho, **maior que a necessaria** para a gente de bordo.
> 7º Extraordinaria grandeza da caldeira, ou numero dellas, **maior que o necessario** nas embarcações de commercio licito.
> 8º Quantidade extraordinaria de arroz, farinha, milho, feijão, ou carne, **que exceda visivelmente** ás necessidades da tripolação e passageiros, não vindo declarada no manifesto como parte de carga para commercio.

Da análise da descrição legal sobre os sinais que evidenciam o envolvimento do barco no tráfico marítimo de seres humanos, vê-se que o excesso de quantidade de víveres, equipamentos e materiais a bordo é apontado como fundamento principal para a suspeita de atividade criminosa. No entanto, são indícios frágeis que terminam por depender do arbítrio do observador da embarcação no seu julgamento sobre quantidade e, além disso, podem ser facilmente contestados e justificados pelos tripulantes a partir da exposição de vicissitudes e conveniências que justifiquem a realidade verificada.

Sobre a previsão do terceiro item, relativo à existência de tábuas para segunda coberta, para melhor compreensão do enunciado legal cabe trazer a contribuição de Gilson Rambelli (2006) acerca da organização espacial das embarcações envolvidas no comércio de escravizados. O autor demonstra que pesquisas de arqueologia náutica e subaquática apontam para a frequente utilização de falsas coberturas que criavam um espaço reduzido localizado abaixo da coberta onde viajava a tripulação, destinadas ao transporte da carga humana.

Rambelli (2006) esclarece que a visão clássica do transporte de africanos em porões dos navios negreiros termina por reduzir a complexidade das características da indústria naval mercantil que, ao longo dos séculos de vigência do comércio escravista, criou embarcações específicas ou adaptou antigos barcos para servir a tal fim. Com a criação da falsa coberta para o transporte de carga humana, era comum que o porão servisse para o transporte de água e alimentos (RAMBELLI, 2009).

Apesar do "caráter pitoresco" da previsão do artigo 179 do Código Criminal do Império do Brasil, como já demonstrado, são encontradas evidências acerca da ocorrência da escravização ilegal de pessoas livres em decorrência do tráfico de africanos, a existência de reescravizações ilegais de libertos e a situação de injusto cativeiro de pessoas livres. Nos próximos dois capítulos, analisaremos casos ocorridos no Rio Grande do Sul entre 1835 e 1874, buscando compreender se o referido artigo era expressamente invocado nos casos de repressão ao tráfico e nas situações em que havia suspeita de redução de pessoa livre à escravidão, com especial atenção ao tratamento dado pelas autoridades judiciais ao problema da propriedade supostamente ilegal e as provas utilizadas para dirimir tais conflitos apresentados à arena jurídica.

2
PAPÉIS DE LIBERDADE E PAPÉIS SOCIAIS NA CIDADE DE PORTO ALEGRE: A SAGA PELA LIBERDADE DE PORFÍRIA

> *Podemos imaginar os sobressaltos de Guimarães durante este julgamento, em seus receios de perder os dois escravos. Ao final, teria cumprimentado efusivamente seus advogados, e mais discretamente – num tom de velado agradecimento – aos jurados seus vizinhos, ao juiz, ao promotor, ao delegado, ao subdelegado [...]. O sistema penal funcionara.*
>
> (Nilo Batista)

Após expor considerações gerais sobre o crime de escravização ilegal de pessoas livres na sociedade brasileira, este capítulo apresenta estudo de caso de ação criminal ajuizada na cidade de Porto Alegre no ano de 1849 onde a previsão do artigo 179 do Código Criminal do Império foi utilizada como fundamento para pleitear a liberdade da parda Porfíria e seus filhos Lino e Leopoldino.

Além de se tratar da fonte mais preservada entre os arquivos estudados, o caso é exemplar e merece estudo detalhado por ilustrar as possibilidades de interessantes e diversas discussões jurídicas acerca dos elementos exigidos para a caracterização da conduta de redução de pessoa livre à escravidão, a exemplo do debate acerca da posse da liberdade daquele que se apresenta como suposta vítima do crime aqui estudado. Do mesmo modo, a fonte estudada evidencia nuances entre direito e relações sociais e o reflexo desta articulação na condução e resolução das suspeitas de ocorrência do crime previsto no artigo 179.

2.1. PORFÍRIA, LINO E LEOPOLDINO: TRÊS (VEZES) LIBERTOS

No ano de nascimento de Nosso Senhor Jesus Cristo, de mil oitocentos e quarenta e nove aos dezesseis dias do dito ano, na leal e valorosa cidade de Porto Alegre, a justiça por seu Promotor Público Antonio Pedro Fernandes de Pinheiro encaminhou ao Ilustríssimo Senhor Delegado de Polícia daquela localidade denúncia contra Manoel José Pereira Tavares de Mello e Albuquerque pelo crime de pretender reduzir à escravidão a parda Porfíria e seus dois filhos, Lino e Leopoldino[69].

Antes de prosseguir com a análise da investigação criminal, apresentamos alguns aspectos da estrutura judiciária e do roteiro legislativo sob a égide em que atuavam, ou deveriam atuar, as personagens do poder judiciário envolvidas no caso. Neste cenário, Antonio Pedro Fernandes de Pinheiro, em sua primeira atuação aqui apresentada, o faz em conformidade com as atribuições do Promotor Público previstas pelo Código de Processo Criminal de 1832:

> Art. 37. Ao Promotor pertencem as atribuições seguintes:
> 1º Denunciar os crimes públicos, e policiais, e acusar os delinquentes perante os Jurados, assim como os **crimes de reduzir á escravidão pessoas livres**, cárcere privado, homicídio, ou a tentativa dele, ou ferimentos com as qualificações dos artigos 202, 203, 204 do Código Criminal; e roubos, calumnias, e injurias contra o Imperador, e membros da Familia Imperial, contra a Regencia, e cada um de seus membros, contra a Assembléa Geral, e contra cada uma das Camaras. (grifo nosso).

No uso das suas atribuições, o Promotor solicitou que fossem intimados o acusado e as testemunhas por ele indicadas para que fosse dado seguimento ao processo sumário autorizado pelo artigo 179 do Código Criminal do Império. Já na denúncia foi exposto que o fundamento da liberdade de Porfíria e seus filhos residia na existência de uma carta de liberdade que lhes havia sido conferida pelo antigo proprietário, Joaquim Alves de Oliveira. Por outro lado, além de manter a parda e seus filhos em cativeiro ilícito, Manoel Albuquerque é acusado de subtrair o referido documento no qual Oliveira conferia a liberdade a Porfíria, Lino e Leopoldino.

Recebida a denúncia, o delegado de polícia ordenou ao escrivão que citasse o suplicado e as testemunhas para que se iniciasse o rito sumário. A competência dos delegados de polícia para julgamento de crimes em ritos sumários derivava da Lei nº 261, de 3 de dezembro de 1841[70], que

---

69 APERS, Acervo do Judiciário, Porto Alegre, Processo crime, nº 3.618, 1859.

70 Para mais informações sobre a reforma judicial de 1841, examinar LOPES, José Reinaldo de Lima. **O direito na história**: lições introdutórias. São Paulo: Editora Atlas, 2009.

reformou o Poder Judicial, e do parágrafo 1º do artigo 4º, que conferiu aos chefes de polícia e delegados as atribuições dos juízes de paz elencadas no Código de Processo Criminal.

Aliás, foi a própria lei de 1841 que inseriu na estrutura do judiciário local as figuras do delegado e subdelegado e atribuiu-lhes, entre outras, as funções de prevenção e segurança da ordem pública, tais como conceder mandados de busca na forma da lei, inspecionar as prisões da província; monitorar a chegada de novos moradores no distrito; conceder passaportes; obrigar a assinar termo de bem viver aos vadios, mendigos e todos que perturbassem a ordem; conceder fianças aos que fossem declarados culpados pelo juízo de paz; bem como julgar as contravenções previstas nas posturas das câmaras municipais e alguns crimes.

A ampliação de poderes e competências às autoridades nomeadas pelo Executivo evidencia uma das características da orientação conservadora que marcou a reforma do poder judiciário empreendida em 1841. Ao subordinar toda a estrutura da polícia provincial, incluídos aí os chefes de polícia, delegados e subdelegados, à nomeação pelo Imperador ou pelos Presidentes de Polícia, terminava conformando uma ordem política onde a prática de atuação do poder judiciário se confundia com o poder imperial. Desta situação fática, resultava uma estrutura de relações que limitava a autonomia dos integrantes do poder judiciário a mecanismos políticos que possibilitavam aos chefes locais o exercício de clientelismo e subordinações pessoais dos funcionários da justiça (KOERNER, 2010).

No caso aqui analisado, o delegado de polícia era Serafim dos Anjos França Junior, bacharel em direito formado pela Faculdade de Direito de São Paulo no ano de 1836 e que atuou como deputado provincial de São Pedro do Rio Grande do Sul entre 1848 e 1849 (FRANCO, 2001, p.04). As informações acerca da trajetória política do delegado são ilustrativas das estratégias utilizadas pelas elites para a ocupação de cargos políticos:

> O mais difícil era entrar. Um diploma de estudos superiores, sobretudo em Direito, era condição quase *sine qua non* para os que pretendessem chegar até os postos mais altos. A partir daí, vários caminhos podiam ser tomados, o mais importante e seguro sendo a magistratura, secundariamente a imprensa, a advocacia, a medicina, o sacerdócio. Em alguns casos, a influência familiar era suficientemente forte para levar o jovem bacharel diretamente à Câmara. O apoio familiar e dos amigos e o patronato dos líderes já estabelecidos era, aliás, presença constante em todos os passos da carreira. (CARVALHO, 2003, p.125).

Apesar das informações encontradas acerca da vida política de Serafim dos Anjos França Junior mostrarem que a atuação enquanto deputado de província foi o cargo político mais alto que a influência dos seus contatos lhe permitiu alcançar, elas não descaracterizam a sua tentativa de trilhar os caminhos da ascensão política.

Segundo a metáfora descritiva que José Murilo de Carvalho (2003, p.127) utiliza para evidenciar a trajetória política da elite oitocentista, o "bilhete de entrada" para ingresso no clube da elite política era o diploma de estudos superiores. E, a partir daí, a magistratura e, posteriormente, a deputação provincial eram os primeiros degraus da "escadaria" utilizada para chegar ao vestíbulo que seria a deputação geral e, enfim, alcançar o ingresso "dentro do clube" e estar credenciado para usufruir das possibilidades de ocupar funções como as de presidência de província, ministérios ou senado.

Sobre a obtenção do diploma de bacharel em Direito, como foi abordado no primeiro capítulo, até a instalação dos primeiros cursos jurídicos no Brasil em 1828, a elite local era formada em Coimbra. A maior parte dos estudantes capazes de custear a vida de estudos em Portugal era oriunda de províncias como Bahia e Rio de Janeiro, locais que serviram como berço da administração colonial e, por consequência, possuíam elite econômica cujas raízes foram nutridas ao longo do período de dominação da metrópole lusitana.

No período compreendido entre 1772 e 1872, a presença de estudantes oriundos da província do Rio Grande do Sul foi diminuta, representada por 1,53% do total de estudantes brasileiros matriculados na Universidade, enquanto Bahia e Rio de Janeiro contavam com 25,93% e 26,81%, respectivamente. Uma possível interpretação das consequências de tal realidade é que o pequeno número de gaúchos estudantes de Direito em Coimbra ao longo do período de um século "foi certamente uma razão adicional para o isolamento da província (do Rio Grande do Sul) e seu sempre problemático relacionamento com o governo central" (CARVALHO, 2003, p. 74).

Acerca da presença de estudantes gaúchos formados no Largo do São Francisco, a primeira página do Jornal A Federação, de 7 de fevereiro de 1907, apresenta nota intitulada "Bacharéis sul-riograndenses", onde informa que, no passado século XIX, a Faculdade de Direito da cidade de São Paulo, desde a sua fundação, conferiu o grau de bacharel em Ciências Jurídicas e Sociais a 211 sul-riograndenses, o de bacharel em Ciências Jurídicas a oito e o de Ciências Sociais a apenas um cidadão. No periódico consta também que, desde 1832, ano de formação dos primeiros quatro bacharéis sul-riograndenses, apenas em poucos anos, entre 1840 e 1900, a referida instituição não diplomou bacharéis em Direito oriundos da província do Rio Grande do Sul. Nesta lista dos notáveis bacharéis, consta o delegado Serafim dos Anjos França Junior.

Após descrição do cenário em que se inserem as personagens iniciais do caso, voltemos a atenção ao desenvolvimento da trama. Citadas as testemunhas e o acusado Manoel José Pereira Tavares de Mello e Albuquerque para comparecer em presença do delegado às nove horas do dia dezenove de abril de mil oitocentos e quarenta e nove, este último apresentou petição com o seguinte conteúdo:

> Ilmo. Dr. Delegado
>
> Diz Manoel Pereira Tavares de Mello e Albuquerque que sendo notificado para ouvir juramentos no **processo que contra ele se intentou pela falsa imputação de tentar reduzir a escravidão pessoa livre** e não tendo podido em curto lapso de tempo que mediu-se da notificação até hoje constituir advogado para com ele asserto [sic] aos termos do processo, requer V.Sa. se digne deferir-lhe para outro qualquer dia a inquisição mencionada para hoje a fim de que não fique o suplicante indefeso. (grifo nosso).

Na primeira intervenção do acusado aos autos, constante no trecho acima destacado, já é possível detectar o início da sua defesa a partir da alegação de que era falsa a imputação criminosa que lhe foi atribuída. Adiada a audiência, no dia 25 de abril de 1849, o acusado, o denunciante e a parda Porfíria compareceram para o início das oitivas e investigações.

No auto de perguntas feito pelo Delegado, Porfíria, então com 28 anos, ao ser questionada se era escrava ou liberta, afirmou considerar-se mulher livre por conta do documento de compra de sua liberdade que lhe havia sido dado por seu antigo senhor Joaquim Alves de Oliveira. Explicou que Oliveira havia passado em seu benefício uma carta de liberdade resultante do negócio realizado entre este e o acusado. Como pagamento pela liberdade da parda, Albuquerque entregou a Oliveira um casal de escravizados. No entanto, a referida carta de liberdade ficou em poder do acusado e Porfíria não teve conhecimento da dita negociação porque ela se encontrava no município de São Leopoldo, para onde Albuquerque "a mandara ocultar".

A história que embasa o pedido de liberdade de Porfíria é confusa, apresentando "idas e vindas", acordos e desacordos entre os negociantes. À medida que transcorre a investigação, são apresentadas diferentes versões sobre o caso e, a partir de cada uma delas, de forma evidente ou nas entrelinhas, se esboça a teia de relações pessoais, políticas e econômicas que marcam a sociedade porto-alegrense da época.

Figura 3: Hermann Rudolf Wendroth. Vista de Porto Alegre. Aquarela, 1852[71].

A primeira testemunha chamada a depor sobre o caso foi o comerciante português José Gaspar Ladeira Guimarães, de 24 anos. Sobre esta personagem do caso, que descobrimos ser também personagem da história popular da cidade de Porto Alegre, compartilhamos a seguinte informação:

> O seu nome era José Gaspar Ladeira Guimarães, mas pela sua estatura abaixo do comum, só era conhecido pela acunha que tinha ("Quartola"). Nasceu em Portugal, e veio para o Brasil logo que alcançou os dez anos de idade. Mal pisou ele o nosso solo, procurou colocação no comércio, protegido apenas por seus patrícios, que já estavam encaminhados aqui, e constituíram então uma colônia forte pelos seus bons elementos. Quando eu o conheci, em 1859, era o dono de uma casa *sui generis*, na rua dos Andradas nº 290, cuja frente tinha apenas uma porta larga e nada mais. Era o que naquele tempo se chamava de um armarinho, e aí tinha o chá verde, o preto, o pérola, o que havia de bom como não vem mais para aqui. (PORTO ALEGRE, 1940, p. 205 *apud* MONTEIRO, 2006, p.212).

Da descrição sobre Quartola, pode ser apreendida a presença de imigrantes portugueses que viviam na capital da província sulista, se dedicavam ao comércio e estavam inseridos na camada média urbana (MONTEIRO,

---

71 Disponível em: <http://commons.wikimedia.org/wiki/Category:Herrmann_Rudolf_Wendroth>. Acesso em 1º jan. 2014.

2006, p.212). Contextualizado o local de fala da testemunha, parece mais coerente compreender porque, a despeito de declarar que não conhecia a parda, tinha informações sobre a negociação da sua controvertida liberdade.

Devido ao fato de possuir negócio em zona central da cidade e a decorrente possibilidade de relacionar-se cotidianamente com diversas pessoas, Guimarães afirmou em juízo que, por ouvir dizer de Joaquim Alves de Oliveira, sabia que o mesmo passara carta de liberdade a Porfíria. E, por ouvir dizer do acusado, sabia que o mesmo comprou a liberdade da parda mediante o pagamento de sisa e a entrega de dois escravizados para Oliveira. E disse mais, que Manoel Albuquerque explicou-lhe o motivo do seu interesse pela dita escravizada: para garantir a permanência dos serviços de seu capataz de olaria, motivo pelo qual pretendia providenciar o casamento entre este e a parda, ficando o dito capataz obrigado a permitir o desconto de trinta mil réis no seu salário.

As circunstâncias pelas quais teve lugar a concessão da carta de liberdade de Porfíria e de seus filhos pelo seu ex-senhor Joaquim Alves de Oliveira e a existência do documento de liberdade aparecem, com pouca variação, nos relatos de quase todas as testemunhas ouvidas. Por outro lado, a grande divergência diz respeito às origens e consequências advindas da posterior desavença entre Oliveira e Albuquerque. José Gaspar Ladeira Guimarães, por ouvir dizer, sabia que o acusado havia procurado o antigo senhor de Porfíria propondo o "desfazimento do negócio". Oliveira, no entanto, recusou a proposta afirmando que a parda estava liberta e o negócio estava feito.

As informações apresentadas pelo português foram reputadas "falsíssimas" pelo acusado que requereu ao juiz que fossem intimadas testemunhas por ele indicadas para comprovar a falsidade do depoimento. O requerimento foi indeferido sob a justificativa de que a marcha regular do processo não deveria ser suspensa para tais fins e o pleito deveria ser apresentado em novo processo.

A negativa do juiz delegado de polícia ensejou de parte do acusado a alegação do artigo 142 do Código de Processo Criminal, segundo o qual a apresentação de contestação seria um direito assegurado ao réu. E, "com a devida reverência", requereu que fosse tomado a termo um agravo no dito processo. No entanto, o pedido foi indeferido pelo delegado. Vale ressaltar que, depois de ser acolhido o pedido inicial referente ao adiamento da data do interrogatório onde Albuquerque mencionava ser injustamente acusado por falsa imputação, caso fosse deferido o novo requerimento do acusado, outra vez utilizando o argumento de falsidade das alegações que o desfavoreciam, terminaria por funcionar como expediente protelatório, impedindo o curso do inquérito após ter sido ouvida apenas a primeira testemunha.

Continuada a investigação, a segunda testemunha interrogada foi o professor público Joaquim Antonio Pereira Coruja que, aproximadamente dois meses antes, negociava com Manoel José Pereira Tavares de Melo e Albuquerque a compra de Porfíria e seus filhos. Em virtude da possível venda, que não ocorreu por desacordo das partes quanto ao preço a ser pago, Lino, Leopoldino e sua mãe haviam passado um dia e uma noite na casa de Coruja.

Em seu depoimento, a testemunha afirmou que, na ocasião em que se encontrava em sua residência, a parda contou-lhe que não gostaria de ser vendida com seu filho menor, posto que o mesmo seria futuramente libertado a partir de descontos que seriam realizados no salário do pai da criança, o capataz de Albuquerque. Diferindo do depoimento de José Gaspar Ladeira Guimarães, que mencionou que o capataz de olaria do acusado pagaria pela alforria de Porfíria e seus dois filhos, Coruja acrescentou nova informação ao caso ao mencionar que o capataz seria responsável apenas pela liberdade de Leopoldino, o filho mais novo de Porfíria.

Ao depoimento de Joaquim Coruja, o acusado não apresentou qualquer questionamento ou contestação. A julgar pelo ato gratuito de deixar Porfíria e seus filhos passarem dia e noite na casa de Coruja, em prejuízo do trabalho prestado a Albuquerque e antes mesmo de o negócio ser confirmado ou existir acordo sobre o valor da futura venda, a relação entre os dois parece ser amistosa e de confiança. Sobre a testemunha, entre os anos de 1846 e 1850, ele aparece nos Relatórios dos Presidentes da Província de São Pedro do Rio Grande do Sul integrando as relações de professores e proprietários que recebiam aluguéis de casas onde se acham as escolas de instrução primária da Província.

Outro conhecido cidadão da vida social, jurídica e política chamado a depor no caso é o doutor João Rodrigues Fagundes. Bacharel em Direito formado pela Universidade de São Paulo no ano de 1836, Fagundes foi colega de turma do delegado de polícia Dr. Serafim dos Anjos França Junior e deputado provincial entre os anos de 1846 e 1847 (FRANCO, p.04). No momento do seu depoimento, aos cinco dias do mês de maio de 1849, contava com trinta e oito anos e declarou viver da sua profissão de "advogado dos auditórios".

Diferente das outras testemunhas, que pouca ou nenhuma participação tinham no caso, Fagundes foi o advogado procurado por Joaquim Alves de Oliveira para redigir a carta de liberdade onde Porfíria e seus filhos Lino e Leopoldino eram declarados livres, sem ônus ou condição alguma. Em seu depoimento, indicou que o conteúdo da referida carta declarava que o acusado, Albuquerque, havia dado por indenização do valor de Porfíria e seus dois filho, um casal de escravizados e a quantia em dinheiro de noventa mil réis. Após assinada pelo advogado e pelo antigo proprietário, a carta ficara em poder de Manoel José Pereira Tavares de Mello e Albuquerque, o acusado.

No entanto, Fagundes afirmou que, depois de aproximadamente um mês, voltou a ser procurado por Joaquim Oliveira solicitando que, supostamente a pedido de Albuquerque, o negócio outrora realizado fosse declarado sem efeito, voltando Porfíria e os filhos ao antigo senhor e o casal de escravos a Albuquerque. Após a negativa de Fagundes em tornar sem efeito a carta de liberdade anteriormente redigida, Oliveira convenceu-se da impossibilidade de desfazer o negócio. A motivação de Oliveira para reaver a parda e seus filhos era "pela falta que fazia a mesma para engomados e lavagem de roupas, préstimos que não tinha a escrava que ele recebeu do acusado". Assim, a precária expectativa de liberdade de Porfíria sujeitava-se aos desejos e caprichos do seu antigo senhor.

A passagem do depoimento do advogado Fagundes em sua menção ao motivo supostamente alegado por Joaquim Oliveira para pleitear a volta de Porfíria ao seu poder senhorial é o único indício que encontramos acerca da ocupação e dos serviços prestados pela parda. Daí é possível inferir que, enquanto servia ao seu antigo proprietário, Porfíria executava tarefas relativas ao serviço doméstico, com destaque para seu ofício de lavadeira e engomadeira.

Entre os serviços desempenhados pelos escravizados residentes em Porto Alegre, a lavagem de roupas[72] ocupa um lugar destacado na cena urbana, existindo inclusive uma postura municipal de 1837 determinando o local reservado para a lavagem de roupas: "o lugar destinado para a lavagem de quaisquer panos ou roupas das tinturarias fica sendo, de ora em diante,

---

72 Ao analisar anúncios de compra, venda e aluguel de escravos em Porto Alegre publicados no Jornal O Mensageiro entre os anos de 1835 e 1836, João Reis, Flávio Gomes e Marcus de Carvalho encontram que "a maioria dos escravos postos à venda ou ao aluguel eram mulheres e homens habilitados para o serviço doméstico. 'Aluga-se uma escrava que sabe lavar, engomar, coser e cozinhar' lia-se num anúncio. Uma africana de nação borno era oferecida como boa lavadeira, cozinheira 'e também própria para todo serviço'". (REIS; GOMES; CARVALHO, 2010, p.46).

na ponta do Arsenal, à beira do rio, defronte da desembocadura da rua Formosa [atual Duque de Caxias]" (AHRGS, Postura Policial da Câmara Municipal de Porto Alegre, cap. 51, p.14, 1837 *apud* ZANETTI, 2002, p. 81).

A iniciativa do poder público municipal em disciplinar o local destinado para a lavagem de roupas vai além da preocupação com a organização dos usos do espaço urbano e insere-se no bojo das medidas destinadas ao controle social da população escravizada. Isto porque os espaços públicos como zonas de comércio e locais de abastecimento de água como fontes e proximidades de rios e lagos costumavam funcionar como inevitável ponto de encontro entre trabalhadores livres, escravizados, escravos de ganho, escravos de aluguel e libertos que realizavam diversos ofícios que permitiam alguma mobilidade urbana à população escravizada, a exemplo dos serviços de aguadeiros, carregadores de dejetos, barqueiros e lavadeiras[73], constituindo-se, assim, enquanto importantes zonas de contato entre a população livre, liberta e escravizada.

Figura 4: Lavadeiras na praia do Riacho (hoje rua Washington Luís), década de 1880/1890. Foto: Irmãos Ferrari. Acervo do Museu Joaquim José Felizardo.[74]

---

73   Interessante observar que, apesar da preferência das mulheres para os serviços domésticos, a necessidade de adaptar-se e desenvolver os diversos tipos de funções exigidas pelas necessidades do escravismo urbano fazia com que também os homens fossem empregados em tais atividades: "Em um anúncio de *O Mercantil* [24 de novembro de 1852], vendia-se um escravo que sabia 'lavar, engomar, cozinhar, costurar liso e entende do trabalho de pedreiro'". (ZANETTI, 2002, p. 68)

74   Disponível em: <http://wp.clicrbs.com.br/davidcoimbra/2010/03/26/porto-alegre-das-antigas/?topo=13,1,1,,,13>. Acesso em: 1º jan. 2014.

Corroborando a hipótese da preocupação do poder público em disciplinar o uso do espaço público pela população escrava, a pesquisadora Claudia Molet apresenta pesquisa sobre o controle social destinado às lavadeiras, quitandeiras e outras mulheres forras e escravizadas no meio urbano da cidade sulista de Rio Grande na segunda metade do século XIX.

Em sua quase totalidade as "prisões eram motivadas pela mobilidade e contato que as lavadeiras e as quitandeiras tinham enquanto desempenhavam suas ocupações e, ainda à noite, quando deveriam andar pelas ruas" (MOLET, 2009, p.09). Entre as prisões motivadas por desordem[75], encontram-se casos de descumprimento de ordens municipais, a exemplo da previsão de 1864, que proibiu que as "lavadeiras retirassem água do poço em frente ao quartel para lavagem de roupa" (MOLET, 2009, p.06).

Já na capital, algumas prescrições de conduta para os negros escravizados previam penas de chibatadas, como a postura municipal de 18 de dezembro de 1857, que proibia o comportamento de "lavar-se de dia nas praias, rios ou lugares públicos sem estar vestido de modo a não ofender a moral pública" e sob pena de "multa de dez réis ou de cinco dias de prisão, sendo escravo, 25 açoites" (ZANETTI, 2002, p.82). Neste cenário, é possível imaginar o trânsito de Porfíria nestes espaços onde se estabeleciam redes de sociabilidade e ecoavam as experiências de conquista de liberdade, fugas, revoltas e demais eventos relacionados à vida dos escravizados no meio urbano.

Deixando o universo social das trouxas de roupa, voltemos para as averiguações acerca da liberdade de Porfíria. A participação do doutor João Rodrigues Fagundes no caso estaria encerrada com a redação da carta de alforria de Porfíria e seus filhos, não fosse o retorno de Joaquim Alves de Oliveira a sua residência e, desta vez, em companhia de Salvador, um parente da, até então, liberta.

Na oportunidade, solicitou que lhe fosse entregue uma declaração acerca da existência e conteúdo da carta de liberdade. Oliveira justificaria o pedido argumentando que temia pela segurança da liberdade dos ex-escravizados posto que existia a possibilidade de extravio da carta que

---

75 Exemplificando situações de conflito e desordem relacionadas às atividades das lavadeiras na cidade de Porto Alegre: "Não raro, eram instaurados processos envolvendo furtos e roubos de peças de roupa. Nessas brigas, comumente as senhoras das escravas envolviam-se para defender suas cativas. A prisão das criadas lhes traria prejuízos econômicos" (ZANETTI, 2002, p.82).

se encontrava em poder do acusado, posto que ela não havia sido passada ao competente livro de notas. Fagundes atendeu o pedido e redigiu o documento, que foi entregue ao parente da parda. É este o mesmo documento que consta da abertura do inquérito apresentado pelo promotor público para apresentação da denúncia e prova da condição de Porfíria:

> Declaro eu abaixo assinado Joaquim Alves de Oliveira que sendo senhor e possuidor de uma escrava parda de nome Porfiria de idade de vinte oito anos pouco mais ou menos com dois filhos de nomes Lino de idade de sete annos pouco mais ou menos e Leopoldino de idade de três anos para quatro, cujos escravos a instancia do senhor Manoel José Pereira Tavares de Mello e Albuquerque, passei-lhes carta de liberdade em o mês de julho do ano próximo passado, recebendo em pagamento de seu valor um casal de escravos do mesmo senhor Tavares, e a este fiz entrega da referida **carta de liberdade** por mim assignada, e por duas testemunhas **isentas de qualquer ônus ou condição para os mesmos escravos, os quais ficarão daquela ocasião em diante perfeitamente libertos como se de ventre livre nascessem** e por me ser pedido faço a presente declaração que assino e por ela me responsabilizo. Porto Alegre desenove de março de mil oito centos quarenta e nove. Joaquim Alves de Oliveira. (grifo nosso).

Findo o testemunho junto ao delegado de polícia, após lido e achado conforme, Fagundes pediu para acrescentar que

> Mostrando ele testemunha ao acusado que não fazia bem em desfalcar sua fortuna dando em compensação da liberdade da parda Porfiria e seus filhos, um casal de escravos, visto que não seria fácil indenizar-se daquele valor, a esta advertência feita antes de se passar a carta de liberdade, não [ilegível] o acusado de [ilegível] **dizendo que tinha esperanças de ser indenizado**.(grifo nosso).

Ainda que seja complexa a compreensão acerca dos motivos de conveniência e oportunidade que conduziram as partes envolvidas na troca, venda ou alforria de Porfiria, a partir da interpretação dos depoimentos das testemunhas, chama a atenção o fato de que Oliveira e o acusado buscaram advogado para redigir a carta de liberdade da parda e seus filhos. Se, por um lado, esta atitude pode representar possível preocupação com a legalidade e publicidade do ato, por outro, o fato de a referida carta ter sido entregue a Manoel José sem antes ser lançada no respectivo livro de registro de notas suscita dúvidas acerca do propósito do acordo realizado entre as partes.

Analisando as cartas de alforria passadas no Rio de Janeiro entre 1808 e 1850, Mary Karasch salienta o procedimento legal que deveria ser adotado a fim de garantir os efeitos jurídicos do documento:

> A carta de alforria era a prova da liberdade de um escravo, introduzindo-o na vida precária de uma pessoa liberta na sociedade escravista. No século XIX, a carta transferia o título de propriedade (o cativo) de senhor para escravo. Em certo sentido, os escravos literalmente compravam-se ou eram doados para si mesmos. Uma vez que havia uma transferência de propriedade, o ato tinha de ser documentado publicamente por um tabelião em um dos quatro cartórios do Rio, que então registravam o título e emitiam a carta de alforria, geralmente em presença do escravo, de seu dono (ou donos) ou do testamenteiro e de testemunhas. Posteriormente, o escravo recebia uma cópia exata da carta preservada no livro de notas do tabelião. (KARASCH, 2000, p. 439).

Apesar de passar carta em que confere a liberdade dos ex-escravizados sem condições ou encargos, a iniciativa de Oliveira de tentar desfazer o negócio, revogando a liberdade concedida, desafia a nossa compreensão. O acusado, por sua vez, parece ser o consciente pagador da liberdade de Porfiria, Lino e Leopoldino, motivado por acordos anteriores que lhe garantiam tratar-se em verdade de uma alforria condicional que lhe seria remunerada.

No interrogatório, Manoel José Pereira Tavares de Mello e Albuquerque afirmou ser lavrador, natural de Pernambuco, com residência em Porto Alegre havia aproximadamente oito anos. Questionado acerca de qual direito possuía sobre Porfiria e seus filhos, respondeu que a carta de liberdade passada por Oliveira continha declaração de que a mesma só teria efeito quando ele fosse indenizado pelo valor gasto na negociação.

Segundo o acusado, a decisão de recorrer ao ex-proprietário das vítimas e propor o negócio foi motivada porque conhecia uma possibilidade pela qual seria indenizado pelo valor dos escravos dados em pagamento da liberdade de Porfíria, Lino e Leopoldino. Porém, acrescenta a informação de que, no mesmo dia em que realizou o acordo, soube da impossibilidade de obter a referida indenização e, então, de comum acordo com Oliveira, inutilizaram o documento de liberdade, substituindo-o por um papel de troca de escravos.

O motivo para a anulação do negócio recém-realizado seria, segundo ele, a informação dada pelo pai de Porfiria – personagem até então não citado – no sentido de que não seria possível conseguir comprador para uma casa que pretendia vender para, assim, ressarcir Albuquerque pelo valor empenhado na liberdade de Porfíria e seus filhos.Em momentos anteriores, já havia sido sugerido por uma das testemunhas que o interesse de Albuquerque em garantir o domínio sob Porfíria e as crianças faria parte de uma estratégia para assegurar a continuação dos serviços prestados pelo seu capataz, pai de um dos filhos da moça.

No depoimento de Fagundes, o advogado que redigiu a carta de liberdade, havia sido informado que Oliveira esteve em sua casa acompanhado de um parente da parda. Agora, outro familiar de Porfíria, desta vez seu pai, é mencionado e aparece na teia dos arranjos estabelecidos para a libertação dela. Tais registros servem como indícios da existência de uma rede social de apoio composta por parentes que se articulavam em defesa da liberdade e alcançavam negociar com os proprietários.

Ao ser perguntado se tinha algum motivo a que atribuir a denúncia contra si, Manoel Albuquerque disse ser vítima de perseguição por parte de Joaquim Alves de Oliveira e pessoas amigas dele, empenhadas em encobrir a verdade dos fatos, qual seja, a legitimidade do poder do acusado sobre Porfíria. Em processos e investigações envolvendo a possibilidade de liberdade da pessoa escravizada em face de algum argumento que evidenciasse a ilegalidade da sua manutenção enquanto escravizado, era comum que a parte contrária tentasse deslegitimar a pretensão de liberdade com o argumento de que as acusações derivavam de perseguição ou vingança dos seus desafetos, que instruíam os escravos em suas causas com o único objetivo de manchar a honra daquele que se dizia seu proprietário.

Andrei Koerner (1999) destaca o peso da honra em meio à sociedade escravista enquanto mecanismo de pertencimento e possibilidades políticas e econômicas. No mesmo sentido, Ricardo Tadeu Caires Silva (2000), ao estudar ações de liberdade na Bahia do século XIX, encontra evidência do uso da arena jurídica como estratégia para abalar a posição social de opositores políticos ou inimigos. Assim, trazer para a esfera pública possíveis crimes e faltas cotidianas relacionados ao mundo privado da propriedade de escravizados constituiu estratégia de devassar a vida do outro, abalando sua moral e credibilidade.

A preocupação em buscar elementos que nos forneçam indícios sobre a posição social dos indivíduos envolvidos no caso aqui analisado parte da compreensão de que "o mundo dos cativos só pode ser entendido considerando o aspecto relacional com o de seus senhores" (MOREIRA, 2003, p.15). Indo além, compreendemos que, nessas sociedades, o mundo dos cativos está inserido numa estrutura social complexa cujo alcance ultrapassa o âmbito do vínculo entre proprietário e escravizado. Os cidadãos chamados a testemunhar no caso de Porfíria, ainda que não mantivessem relações pessoais entre si, transitavam pelo mesmo mundo, eram brancos e proprietários, duas qualidades que se inter-relacionavam e garantiam a presença no mundo dos homens de bem descrito por Moreira.

Para configurar a característica de proprietário, mais que títulos e documentos legais, valia a aparência, a manifestação pública de propriedade sobre os bens que lhes eram atribuídos, incluídos os escravos. A importância da condição na atribuição de lugar social e estatuto na sociedade escravista pode ser apreendida da leitura dos depoimentos de testemunhas nos processos analisados para esta pesquisa.

Ao serem indagadas sobre a condição das vítimas, quase sempre as testemunhas afirmam que "sempre soube que o preto ou a preta reside na casa do réu como sua propriedade" ou, ainda, como se verifica do depoimento do comerciante português José Gaspar Ladeira, que "sabia por ouvir dizer" que Porfíria era escrava de seu antigo senhor Oliveira.

Quanto ao reconhecimento da sociedade acerca da condição de Porfíria, não há, ao longo do processo, qualquer depoimento ou outra informação no sentido de sugerir que ela vivia como liberta. Mesmo quando se reconhece a existência da carta de liberdade passada em favor dela e de seus filhos, nenhuma das testemunhas afirma que os três libertandos fruíram, em algum momento, a vida em liberdade.

No depoimento do Professor Coruja,ele afirma que, ao questionar se Porfíria não tinha interesse em buscar meios para libertar-se, ela teria respondido que seu senhor, Albuquerque, lhe concedeu licença por escrito para pedir esmolas com o intuito de pagar sua alforria, no entanto ela nada conseguiu por não se achar no referido papel o preço da sua liberdade. Esta informação sugere que, por ignorar a existência da carta de liberdade passada por Oliveira, Porfíria andava pela cidade afirmando-se escravizada e tentando juntar quantia suficiente para a liberdade. Tal informação apresentada pelo parceiro de negócios do acusado irá ser resgatada pela defesa ao longo do processo como prova pública da condição escrava da parda.

Talvez o ponto mais importante a ser analisado nos argumentos de defesa utilizados pelo acusado seja a sua interpretação acerca do caráter condicional[76] da carta de liberdade passada por Oliveira em benefício de Porfíria e seus filhos e seu consequente direito sobre os supostos libertandos:

> Manoel José Pereira Tavares de Mello e Albuquerque acha-se **falsamente e com [ilegível] pretextos acusado pelo Promotor Publico** perante V. S. pelo pretendido crime = de pretender reduzir a escravidão pessoa livre = em consequência do que, além de ser **injustamente perseguido, também se acha ilegalmente esbulhado da posse e domínio da sua escrava de nome Porfiria com os seus dois filhos**, que com semelhante pretexto se acham acoutados em casa do cidadão Manoel José da Camara Junior, diz, que em face do processo e da verdade do fato não pode de maneira alguma prevalecer tão falsa como odiosa imputação; por quanto a verdade do fato é, que tendo o acusado dado por troca á Joaquim Alves de Oliveira um casal de escravos dele **recebeu os intitulados libertos Porfiria e seus dois filhos, em pleno domínio e propriedade como demonstra a respectiva carta que com esta se oferece com a intenção sim de os libertar, sendo para esse fim indenizado do seu desembolso, condição á qual se comprometiam o capataz do acusado, e outros protetores de Porfiria**. (grifo nosso).

Além de alegar que a liberdade de Porfíria e seus filhos não se efetivou por conta do não cumprimento da previsão de reembolso pelo valor pago contido na carta de liberdade passada por Oliveira, o acusado alega a existência de uma segunda carta de liberdade. Conforme a versão de Albuquerque, no dia posterior ao negócio e após conhecer a impossibilidade do pagamento, ele procurou Joaquim Alves de Oliveira e, por comum acordo, rasgaram a primeira carta de liberdade e fizeram em seu lugar uma carta de troca. Porém, tempos depois, "desgostando-se da preta que recebera do acusado", recorreu a este solicitando a destroca e, em virtude da recusa de Albuquerque em desfazer o acordo, redigiu uma segunda carta de liberdade e entregou a Porfíria para vingar-se do outro negociante.

Neste ponto da análise do interrogatório de Manoel Albuquerque e em meio à confusão de papéis dos que disputavam a legitimidade jurídica,

---

76 No caso dos negros que já haviam recebido a carta de alforria, a situação era variada. Havia aqueles que tinham de cumprir cláusula de prestação de serviços, o que os colocava por algum tempo, às vezes por vários anos, numa posição ambígua entre a liberdade e o cativeiro. Até a promulgação da lei de 1871, existia a possibilidade de o senhor revogar a alforria por motivo de ingratidão, o que realça a subordinação e a incerteza contidas nessa liberdade conferida aos libertos (CHALHOUB, 2003, p. 34).

uma das saídas para simplificar a história processual poderia ser a opção por advogar uma interpretação tendenciosa da fonte documental, um "uso partidário do passado" (BARBOSA, 2009) em favor da liberdade de Porfíria, Lino e Leopoldino e assumir que toda a história contada pelo acusado e, principalmente, a existência e nulidade de uma segunda carta de liberdade, são argumentos estrategicamente utilizados com o fim de garantir a defesa de Albuquerque e invalidar possíveis provas apresentadas pela acusação. No entanto, no auto de perguntas que lhe foi feito pelo delegado de polícia, a própria Porfíria menciona a existência de uma carta de liberdade sem valor:

> Perguntou mais [o delegado à Porfíria] se quando Joaquim Alves de Oliveira veio a esta cidade em busca dela respondente por se achar a anos fora de seu poder, se o acusado se opôs a isso [que Oliveira a levasse de volta], fazendo [Oliveira] aparecer uma carta de liberdade que depois foi reputada nula. Respondeu que é verdade, cuja carta **ela respondente a rasgou por saber para nada servia**. (grifo nosso).

Lembremos que Porfíria desconhecia a existência da primeira carta de liberdade, fruto do negócio entre Manoel Albuquerque e Joaquim Oliveira. Em seu depoimento, ela declara que o acusado sempre afirmou ser seu legítimo proprietário e que, do mesmo modo, "seu dito ex-senhor Joaquim Alves de Oliveira a princípio declarou que ela era cativa do acusado e que depois lhe disse que ficara liberta por ter [ele, Albuquerque] recebido dois escravos do acusado para a compensação de sua liberdade". Dos trechos acima transcritos, entendemos que, só a partir do aparente arrependimento do seu antigo senhor, Porfíria tomou conhecimento da sua condição de liberta e recebeu uma carta de alforria. Sobre a segunda carta de liberdade de Porfíria, ao longo do processo não há explicações sobre os meios e motivos pelos quais ela se convenceu (ou foi convencida) da nulidade do documento.

Ainda que motivada pela certeza da impossibilidade de produção de efeitos do documento, é curioso o fato de que uma pessoa escravizada, por conta própria, rasgasse um papel escrito e assinado no qual lhe era conferida a liberdade. Mais que isso, para uma reflexão acerca das possibilidades de uso de um papel de liberdade e, na contramão da atitude de Porfíria, vale trazer a experiência de Rosalie Poulard, apresentada por Rebecca Scott e Jean Hébrard (2012) no livro Freedom Papers. An atlantic odissey in the age of emancipation. Rosalie também teve uma primeira carta de liberdade que não chegou a surtir efeitos legais e uma segunda carta de liberdade que ela sabia não ter qualquer validade jurídica, mas carregou-as sempre, lançando mão delas quando necessário.

Talvez um dos motivos que ajudem a compreender o antagonismo das concepções manifestadas por Rosalie e Porfíria acerca das possibilidades de uso de um papel de liberdade, ainda que forjado, seja o fato de que existe alguma possibilidade, ainda que remota, de que Rosalie, enquanto viveu a experiência do cativeiro no Caribe, recebeu algumas lições iniciais sobre leitura e escrita ou, mesmo não tendo estudado, vivenciou alguma experiência que lhe fez familiarizar-se com a importância da escrita (SCOTT; HÉBRARD, 2012, p.18).

Ainda que o conteúdo das segundas cartas de liberdade destas duas jovens escravizadas não possuísse os poderes necessários para a garantia da proteção jurídica da liberdade, Rebecca Scott e Jean Hébrard (2012, p.18-19) lembram que o papel escrito "pode servir de modo um pouco diferente como um talismã ou amuleto, algo capaz de oferecer proteção em tempos de dificuldade" [77] (SCOTT; HÉBRARD, 2012, p.19, tradução nossa). Para além das dimensões espirituais, no plano fático das disputas atlânticas pela produção de provas escritas juridicamente aceitas de liberdade e escravidão vale a máxima de que "palavras podem proteger, e palavras podem escravizar" [78] (SCOTT; HÉBRARD, 2012, p.19, tradução nossa).

No caso de Porfíria, é provável que a inutilização da ulterior carta de liberdade que lhe foi entregue por seu antigo senhor se relacionasse com a certeza, oriunda do convívio como sua escrava, de que este não era uma pessoa na qual ela pudesse depositar confiança ou da qual esperar atos de proteção. Tal possibilidade é reforçada principalmente pela postura ambígua de Oliveira que, apesar de declarar-se interessado em garantir a liberdade de Porfíria, no momento da negociação com Albuquerque não a comunicou sobre a existência da carta de liberdade, tampouco cuidou dos trâmites necessários para assegurar-lhe a condição de liberta.

É de difícil compreensão também a relação estabelecida entre Joaquim Oliveira e os parentes da parda, bem como os possíveis acordos e contrapartidas que podem ter motivado o seu envolvimento na tentativa de negociar a saída de sua ex-propriedade do domínio de Manoel Albuquerque. Todas essas considerações se somam ao esforço desta pesquisa em con-

---

77 "could in a quite different mode serve as the basis for a talisman or an amuleto, something to provide protection in times of difficulty"

78 "words could protect, and words could enslave".

textualizar os fatos sem, no entanto, ser possível afirmar os detalhes da dinâmica do cotidiano, visto que fogem ao documento oficial escrito e aos silêncios que ele guarda sobre o caso.

Se Porfiria parecia desconhecer a importância da palavra escrita, o mesmo não se pode afirmar do seu curador, posto que ele solicitou o desentranhamento dos autos do único documento de prova apresentado pela defesa junto com a denúncia. O referido documento é a declaração sobre o conteúdo da carta de liberdade redigida pelo doutor Fagundes a pedido de Joaquim Oliveira depois de aproximadamente um mês de realizado o negócio com o acusado e depois da recusa de Fagundes em redigir um papel de revogação da liberdade anteriormente conferida.

Resta clara a preocupação do curador da parda em preservar a integridade do documento original, que poderia ser o único meio de comprovar a condição de liberta de Porfíria. Sendo deferido o pedido, o documento foi desentranhado e o inteiro teor da declaração foi transcrito pelo escrivão Pedro Nolasco Pereira da Cunha. E deu-se seguimento às investigações.

A denúncia apresentada pelo promotor de justiça contra Manoel José Pereira Tavares de Mello e Albuquerque ensejou um processo criminal com fundamento na previsão do artigo 179 do Código Criminal do Império, que tipificava como crime a conduta de "reduzir à escravidão pessoa livre que se achar em posse de sua liberdade". No caso aqui trazido, como em outras ações criminais relativas ao referido crime, a constatação da materialidade e autoria do delito implicaria na responsabilização penal do autor. No entanto, parece fundamental destacar que o resultado de uma ação criminal relativa ao crime de redução de pessoa livre à escravidão trazia, em seu bojo, além da condenação do réu, o reconhecimento da condição de liberdade da vítima e a consequente perda do direito de propriedade até então exercido sobre ela, fosse ele exercido de fato ou de direito.

Assim, atento ao duplo risco que o acusado corria, seu advogado encaminhou petição ao Ilmo. Dr. Delegado de Polícia com o intuito de defesa frente à acusação criminosa e resguardo do direito de propriedade:

> Excelentíssimo Snr. Dor. Delegado em poucas palavras e com toda a veracidade quanto a tal respeito ocorreu, como se comprova-lhe [sic] com o já processado. Nestes termos bem poderá o acusado requerer á V. Sa. [ilegível] da busca para ser-lhe entregue a sua escrava Porfiria, e seus dois filhos, porém atendendo ao grande interesse que se tem tomado pela sua acusação por parte do Snr. Promotor, e perseguição que se lhe faz, contenta-se em **requerer a V. S. a bem da segurança**

> da sua propriedade, e segundo é de Direito nas ações de liberdade/ ainda que esta não seja a verdadeira, e própria/o depósito dos ditos seus escravos em poder de depositário que V. Sa. escolher, com tanto que não se realize a nomeação na pessoa do cidadão Manoel José da Câmara Junior, porque é suspeitoso ao acusado, mandando juntar tudo aos autos de formação da culpa, para constar e para melhor instrução do processo [...]. (grifo nosso).

No trecho acima transcrito, o advogado de Albuquerque explicita a preocupação com a segurança da propriedade do acusado e demonstra-se seguro e tranquilo acerca da improcedência da acusação a tal ponto, que cogita a possibilidade de pleitear que a justiça autorize a busca de Porfíria, Lino e Leopoldino para que sejam entregues a um depositário.

Caso fosse formulado e deferido, o pedido de busca funcionaria como reconhecimento do direito de propriedade do acusado, ignorando a ação criminal em curso. Sendo explícita a ilegitimidade do pedido de busca, a defesa então reafirma o argumento de perseguição do Promotor Público contra Manoel Albuquerque e engenhosamente propõe que seja utilizado o depósito de escravos, uma medida típica das ações cíveis de liberdade.

> Este "depósito" [utilizado nas ações de liberdade] refere-se ao contrato de depósito, no qual alguém obriga-se a guardar e restituir, quando lhe for exigido, qualquer objeto móvel que de outrem receba. Neste caso, o escravo cuja ação é aceita deixa de ficar sob a guarda de seu senhor, indo para um "depósito", provavelmente aos cuidados de seu curador. (GRINBERG, 1994, p.22).

Nas ações de liberdade, o instituto do depósito tem por objetivo garantir a integridade física do libertando[79].Dessa forma, ao final do processo, resta preservada a integridade do suplicante para fruição do seu direito à liberdade, caso este seja declarado pela justiça.

> Uma providência costuma preceder a propositura dessas ações de que tratamos; é o depósito do indivíduo em poder de pessoa idônea, à semelhança do depósito da mulher casada na ação de divórcio, ou nulidade do matrimônio; e isto a bem da segurança do mesmo, e da liberdade de sua defesa. (MALHEIRO, 2008, p.101).

---

79 "Não é difícil imaginar os riscos que corriam os negros que tentavam obter a liberdade na justiça e perdiam. Além da decepção da derrota, a volta para 'casa' podia incluir seu cortejo de sevícias por parte de um senhor irado e vingativo." (CHALHOUB, 1990, p.108).

No entanto, pelo teor da argumentação apresentada pela defesa, o interesse em fazer uso do instrumento do depósito estaria animado não pela preocupação com a sorte de Porfíria e seus filhos, mas sim com o declarado temor pela "segurança da sua propriedade". Assim, caso a sentença não fosse em favor da liberdade, a continuidade dos direitos de uso e gozo do proprietário seguiriam assegurados através da conservação do bem jurídico realizada por algum cidadão idôneo daquela sociedade, muito provavelmente, pertencente ao mesmo grupo social do acusado.

A explícita solicitação ao magistrado, no sentido de não nomear Manoel José da Camara Junior como depositário da parda e seus filhos, é um indício que o pacto entre os homens idôneos da cidade de Porto Alegre tinha lá suas ranhuras e, possivelmente por questões políticas ou sociais, a participação de Camara Junior poderia não ser útil aos fins pretendidos por Albuquerque.

Atento à tentativa do advogado do acusado de transformar a investigação criminal que se processava contra seu cliente num mero ato de averiguação acerca do *status* civil de Porfíria, Lino e Leopoldino, o juiz se recusa a deferir o pedido alegando não julgar-se "competente para mandar fazer o depósito requerido, visto que no processo que [ilegível] não [ilegível] sobre a liberdade da parda de que se trata".

Nas entrelinhas do breve despacho do Dr. Serafim dos Anjos França Junior, está a ressalva acerca do objeto da ação criminal em curso: não se trata de uma ação cível para a declaração acerca da condição de escrava ou liberta da parda, mas sim de comprovar ou não a ocorrência do crime de escravização ilegal de pessoas livres. Tal mensagem é compreendida pelo advogado E.R.M que apresenta a seguinte réplica:

> Ilmo snr. Dor. Delegado
> Replicando diz com a devida venia o acusado que com quanto reconheça que V. S. não é competente para conceder mandado de manutenção e depósito, porque esta ação crime não é a ação civil de liberdade, todavia é certo que pela contestação do acusado, pelo documento, a carta de troca ora apresentados, e também pelo estado do processo crime, **ele comprova o seu legítimo domínio, vindo assim a dar-se a questão de liberdade, ou de não liberdade de Porfiria e seus dois filhos,** caso em que, e por nímia moderação do acusado bem lhe parece que sem [ilegível] se podia expedir aquele mandado; em vista porém do despacho supra vem o acusado baseado no citado documento, e mais provas do seu domínio requerer á V. S. **na forma do art. 189 do cod. do Proc. Crime § 1º mandado de busca contra sua escrava**

Porfíria e filho de nome Leopoldino, a fim de serem capturados, e recolhidos ao depósito público da cadeia, para segurança da sua propriedade na forma da Lei. (grifo nosso).

Em antecipação a qualquer manifestação do juízo acerca das provas apresentadas, a estratégia de defesa segue apostando no argumento de que o direito de propriedade de Albuquerque sobre Porfíria e seus filhos é inquestionavelmente legítimo à luz das provas apresentadas. Tanto assim que apresenta requerimento de busca e apreensão dos seus bens (os escravizados) que haveriam sido supostamente tomados sob falso pretexto[80].

Comprovada a propriedade, sua consequência direta seria a descaracterização do crime de escravização ilegal. Ao que parece, a intenção de tal costura argumentativa buscava conduzir ao raciocínio de que a ação criminal passaria a carecer de objeto posto que a única informação a respeito da qual persistiria a dúvida seria aquela própria das ações cíveis de liberdade, ou seja, a comprovação ou não da liberdade alegada. Em análise a ser apresentada mais adiante, encontraremos outro fio desta estratégia.

Entre os papéis oferecidos como prova por Manoel Albuquerque, está o suposto documento de troca, datado de 6 de julho de 1848, onde Joaquim Alves de Oliveira transfere para o acusado o domínio de Porfíria, Lino e Leopoldino em troca do casal de "escravos de nação de nomes Marcos e Matilde". Adjunta, ainda, o papel pelo qual Porfíria, com a licença de Manoel Albuquerque, pedia esmolas[81] implorando "de todos os corações

---

80 O Art. 189 do Código de Processo Criminal do Império do Brasil preceitua que: "Conceder-se-ha mandado de busca: § 1.º Para apprehensão de cousas fartadas ou tomadas por força, ou com falsos pretextos, ou achadas [...]".

81 No Volume 1 do Catálogo Seletivo de Cartas de Liberdade publicado pelo Arquivo Público do Estado do Rio Grande do Sul (2006), encontramos apenas cinco ocorrências de alforrias compradas através das práticas de esmolas, sendo que três registros eram casos de mães escravizadas que conseguiram comprar a liberdade do filho através dos valores obtidos com a esmola e um outro caso se refere a um africano de 60 anos que também compra a alforria por meio de esmolas. Tais registros ilustram a diminuta frequência dos casos de saída do cativeiro facilitados pelos apelos dos cativos à sensibilidade dos cidadãos. Do mesmo modo, a amostra aqui citada dá conta do baixo valor obtido com a prática, sendo bastante para compras de alforrias baratas como aquele africano já no fim da sua vida útil, ou de crianças de cinco anos, como o pequeno José, mulato de 5 anos cuja liberdade foi

sensíveis e amantes da liberdade se dignem coadjuva-la para com suas assinaturas obter sua forrilha [sic]", seguido de assinaturas e os respectivos valores doados. O fato de Porfíria pedir esmolas para libertar-se é usado como legitimação perante a sociedade da sua condição de escrava de Manoel Albuquerque, aquele que se intitula proprietário e assina a permissão para pedir alforrias.

Vale lembrar que somente com a lei do Ventre Livre (1871) é permitido ao escravizado constituir pecúlio para comprar alforria, daí a necessidade de permissão do proprietário para que o escravizado, antes da lei de 1871, pudesse pedir esmolas com o fim de auferir renda para pagar sua liberdade. Desta forma, através da lista com as firmas e valores de cada doador, era possível o controle senhorial acerca da origem do dinheiro bem como do valor auferido por aquele que buscava a liberdade. A permissão para pedir esmolas simboliza a manifestação de que o proprietário não se opõe à compra da liberdade pelo escravizado, desde que paga a devida quantia acordada. Além disso, o artigo 296 do Código Criminal do Império previa o crime de mendicância e a prova de anuência do proprietário serviria para descaracterizar a ocorrência de tal crime.

Outros papéis apresentados pela defesa foram cartas enviadas a três cidadãos solicitando informações sobre o que conheciam acerca dos termos do acordo entre Joaquim Alves de Oliveira e Manoel Albuquerque, ao que todos responderam no sentido de ter conhecimento da troca realizada entre o acusado e o antigo senhor de Porfíria nos termos já defendidos por Albuquerque. Importante destacar que nenhum dos documentos apresentados possuía registro em livro de notas ou qualquer outro procedimento legal capaz de atestar a sua legitimidade.

---

comprada em 29-04-61 por sua mãe Luiza, escrava do mesmo Sr. Pacífico Antônio Alves (morador em Itaqui), cuja carta "foi concedida mediante o pagamento de 600$ pela mãe do escravo, quantia obtida em virtude do senhor conceder licença para a escrava pedir esmolas, em atenção aos bons serviços prestados por ela. Por não saber ler nem escrever, o senhor pediu ao Dr. Antero Ferreira Cavalcanti, padrinho de crisma do cativo, que a fizesse e assinasse como testemunha" (p. 503). Outra ocorrência que merece destaque é a informação acerca da liberdade de Antônio, concedida pela "Sra. Cândida Gonçalves de Santa Vitória (e seus filhos e genros); dt. conc. 10-01-67; dt. reg. 10-01-67 (Livro 3, p.20v). Desc.: A carta foi concedida "com a única condição porém de não incomodar ao público como se vê acontecer, pedindo esmolas, sob pena de tornar ao cativeiro" (p.365).

Por outro lado, o Promotor de Justiça, Antonio Pedro Fernandes Pinheiro, além da declaração, redigida pelo doutor Fagundes e assinada por Oliveira, acerca do conteúdo da carta de liberdade, adjuntou petição solicitando o teor de uma carta de alforria passada por Manoel Silveira Vidal em benefício de Porfíria e seus dois filhos e que se achava "lançada em notas no Cartório do Tabelião Nolasco". Ao que respondeu o próprio Nolasco, o diligente escrivão que, desde o princípio, recebeu a denúncia e acompanhou a presente ação crime:

> Pedro Nolasco Pereira da Cunha
> Fidalgo Cavalheiro da Casa de Sua Majestade Imperial, segundo Tabelião Público Judicial Notas nesta leal e valorosa cidade de Porto Alegre e seu termo no mesmo Tabelião do Registro Geral das Hipotecas da Comarca. Certifico que revendo em meu cartório os Livros dos Registros Gerais acerca do que menciona o suplicante em sua petição retro em um deles de número dezesseis a folhas cento e dezessete se acha registrada a carta de liberdade que menciona da qual o seu teor é da maneira seguinte.

E eis que estamos diante do surgimento de um terceiro papel atribuindo liberdade a Porfíria, Lino e Leopoldino! No entanto, a singularidade de tal documento residiu no fato de ser a única das cartas de liberdade que cumpriu as formalidades exigidas para garantir os seus efeitos jurídicos. O documento trazia pistas importantes para melhor compreensão do tronco familiar de Porfíria e das relações sociais estabelecidas entre os antigos proprietários da parda e seus filhos. Vale a transcrição na íntegra:

> Digo eu Manoel Silveira Vidal viúvo da finada Maria Joaquina, que entre os bens possuo livres e desembargados é bem assim [sic] uma Escrava parda de nome Porfíria com dois filhos menores de nomes Lino e Leopoldino, cuja Escrava é filha de outra minha escrava mulata de nome Joaquina, a qual Escrava Porfíria com os dois ditos seus filhos os constituo por meio desta, livres, como se livres nascessem, o que faço de minha livre vontade e sem constrangimento de pessoa alguma **ficando a sobredita Escrava obrigada somente a pagar ao Senhor Joaquim Alves, a quantia de quatro doblas, que sou devedor ao mesmo senhor**. E os seus herdeiros os reconheçam como livres que ficam sendo de hoje para todo o sempre como se livres nascessem, o que cumprirão meus herdeiros, ou testamenteiros. (grifo nosso).

A carta de liberdade era datada de primeiro de novembro de 1847 e nos informa que a liberdade concedida a Porfíria e seus dois filhos por

Manoel Vidal estava condicionada ao pagamento de uma dívida que este possuía com Joaquim Oliveira. Assim, esta nova informação acerca do modo de aquisição dos pardos por Oliveira fornece elementos para inferir que, diante da impossibilidade de Porfíria satisfazer o pagamento do valor condicionado para a sua alforria, decorrido menos de um ano, Joaquim realizou o negócio com Manoel de Mello e Albuquerque. Porém, é surpreendente que a transferência de domínio de Oliveira para Albuquerque tivesse desprezado a alforria condicional já então concedida.

A questão do direito à liberdade vinculado à obrigação de satisfação de dívida é, entretanto, controvertida para a justiça da época. No Apanhamento de Decisões sobre Questões de Liberdade, publicadas em diversos periódicos forenses da corte, organizado pelo Bacharel J. P. J. S. Caroatá, encontramos a seguinte questão recolhida da *Revista dos Tribunaes* nº 52, de 1858:

> É válida a liberdade dada à escravo, sujeito ao pagamento de dívida?
> Proposta:
> Paulo, casado com Maria, entre outros bens que possuíam, ainda possuem uma escrava. Paulo tem contraído uma dívida para sua despesa, e de sua mulher; acontece Paulo separar-se de Maria, e esta de Paulo, sem ser por meio de desquite, pelos maus procedimentos que obrava Maria para com seu marido. Maria vale-se da ocasião; forra a escrava, e manda lavrar em notas, porem isso sem assinatura de seu marido e nem ao menos um outro consentimento seu. [...]
> Respondo:
> É nula a alforria que Maria deu à escrava, porque a mulher casada não pode dispor de bens alguns do casal sem autorização do marido, não excedendo a sua meação, ou a sua terça, tendo herdeiros necessários. [...] (CAROATÁ, 1867, p. 82).

Segundo a inteligência da resposta oferecida para a questão supramencionada, a nulidade da liberdade concedida decorre exclusivamente do não cumprimento dos requisitos legais exigidos para a disposição de bens matrimoniais[82]. Por analogia, o caso da liberdade concedida por Vidal aparenta não padecer dos mesmos vícios, visto que Maria Joaquina, sua esposa, já havia falecido, podendo este dispor livremente sobre os seus bens.

---

82   Andrei Koerner (1999, p. 147) transcreve decisão em sentido diverso: "A escritura de liberdade, concedida por mulher casada, prevalece, ainda que, sem assinatura do marido, enquanto pelos meios legais não é anulada".

Apesar deste breve exercício interpretativo do caso aqui analisado à luz da jurisprudência contemporânea apontar para a possibilidade de garantia da liberdade de Porfíria a partir do documento concedido por Vidal, a validade dos efeitos jurídicos da carta de liberdade foi desprezada na negociação entre Albuquerque e Oliveira. A não observância da legitimidade da alforria condicional existente em benefício de Porfíria e seus filhos seria fruto de ignorância das partes? Ou atendia às conveniências dos negociantes? Vejamos as últimas linhas da carta de liberdade passada por Manoel Vidal:

> E por verdade mandei passar a presente, que **por eu não saber ler, nem escrever, pedi ao Senhor Manoel José Pereira Tavares de Mello e Albuquerque, que esta escreveu e como logo a assina.** Porto Alegre o primeiro de Novembro de mil oitocentos quarenta e sete = A rogo de Manoel Silveira Vidal, e como testemunha que esta escrevi = Manoel José Pereira Tavares de Mello e Albuquerque = Como testemunhas Antonio Carlos Ferreira Soares = Joaquim José Gonçalves = Manoel Gonçalves Ferreira de Brito = reconheço verdadeiras as assinaturas supra do que dou fé. Porto Alegre oito de março de mil oitocentos e quarenta e oito [...]. (grifo nosso).

O texto parece funcionar como a linha de Ariadne do labirinto de informações desencontradas até então percorrido para compreensão do caso de Porfíria. Manoel José Pereira Tavares de Mello e Albuquerque não só sabia do *status* de liberta da parda e de seus filhos, como também testemunhou o ato de alforria e foi aquele que redigiu o documento que tornava livres aquelas pessoas que ele agora era acusado de tentar reduzir à escravidão.

A escolha de Albuquerque para escrever a rogo de Vidal é indicativa da existência de uma relação de proximidade e confiança entre ambos. De igual modo, cabe vislumbrar relações pessoais entre o primeiro senhor de Porfíria e seu credor. Possivelmente os três homens possuíam algum nível de relação social entre eles, tanto assim que a negociação entre Albuquerque e Oliveira ocorre aproximadamente um ano após o evento que os reuniu em torno da liberdade condicional de Lino, Leopoldino e sua mãe, o que indica a continuidade do contato entre ambos.

Quanto à Porfíria, impossível saber se ela tinha conhecimento acerca da existência deste documento de alforria condicional. Possivelmente não, visto que não o mencionou na ocasião do seu depoimento na delegacia. No entanto, a informação pode ter sido omitida por prudência, pois não se pode perder de vista o sentimento de intimidação e medo que deve ter conduzido o momento das suas declarações perante o delegado, o acusado, Manoel Albuquerque, e os demais cidadãos presentes.

A partir desse quadro, aventamos uma nova interpretação para a iniciativa de Porfíria em destruir a carta de liberdade: mais que desconhecimento acerca da importância da palavra escrita, sua atitude pode traduzir a descrença no poder dos papéis escritos para garantir a saída do cativeiro. Como os documentos não se produziam sozinhos, talvez a vida no cativeiro a tivesse ensinado a não confiar naqueles que os escreviam.

2.2 DISCUSSÕES ACERCA DA POSSE DA LIBERDADE

Em 30 de maio de 1849, aproximadamente um mês e meio após a apresentação da denúncia por parte do promotor e cinco dias após a juntada aos autos da prova da liberdade condicional em benefício das vítimas, o acusado Manoel Pereira de Mello e Albuquerque juntou ao processo documento no qual alegou que precisava ausentar-se da província de São Pedro do Rio Grande do Sul e invocou o parágrafo segundo do artigo 148 do Código de Processo Criminal, solicitando que a sentença fosse proferida o quanto antes. Ao que prontamente o escrivão Nolasco diligenciou e fez conclusos os autos para a sentença do doutor Serafim dos Anjos França Junior:

> [...] pelos mesmos documentos e prova testemunhal se conhece que **o direito que tem a referida parda e seus filhos á sua liberdade não é liquido**, e não sendo o juízo criminal, competente para nele se discutir a ação de liberdade não pode este juízo proceder a denúncia de f2 de mais, mostra-se com o depoimento das testemunhas, e declaração da referida parda constante de f.6 que **ela e seus filhos não tiveram a posse de sua liberdade, condição essa exigida no art. 179 do Código Penal para poder dar-se a existência do crime de que é o Réu acusado**. Mostra-se [ilegível], pelo Processo, que **da parte do acusado não houve má fé** em todo o seu procedimento relativamente ao facto sobre que se baseia a denúncia, portanto e pelo mais que dos autos consta julgo improcedente a denuncia de f2 pagas as custas pelos Cofres Municipais. O Escrivão faça remessa do Processo ao Meritíssimo [ilegível] Juiz Municipal, conforme determina a lei. Porto Alegre 1 de junho de 1849. Serafim dos Anjos França Junior

O artigo 3º do Código Criminal do Império previa que não podia ser considerado criminoso aquele que não agisse de má-fé e não tivesse conhecimento do mal implicado na sua conduta. Logo, a conclusão do doutor Serafim dos Anjos França Júnior pela ausência de provas para configurar a existência do crime de reduzir pessoa livre à escravidão ao lado do não reconhecimento da liquidez do direito à liberdade das vítimas constituíram a base argumentativa necessária para recusar a dimensão criminal da demanda e deslocar o caso para o campo de uma ação de liberdade. Importante salientar que o teor da decisão guardou consonância com as alegações apresentadas pelo advogado de defesa de Manoel Albuquerque.

Outro ponto da decisão de Serafim dos Anjos França Junior que merece especial análise é a sua compreensão acerca da posse da liberdade. Não houve, por parte do delegado, qualquer menção explícita acerca da carta de liberdade condicional de autoria de Manoel Vidal, o que dificulta a compreensão das razões invocadas para a impronúncia de Albuquerque: o direito de liberdade de Porfíria, Lino e Leopoldino não seria líquido por conta do caráter condicional da alforria concedida ou por algum motivo até então não declarado? A legitimidade da referida prova foi ignorada e, por consequência, a condição de libertos dos suplicantes careceria de liquidez por ausência de instrumento juridicamente válido para o reconhecimento da liberdade? Ambas as situações parecem plausíveis. No entanto, diante da dificuldade de realizar análises a partir das lacunas deixadas pela subjetividade do representante da justiça ao justificar sua sentença, nos resta analisar a referida decisão a partir da primeira hipótese.

É recorrente, na doutrina e na jurisprudência do Brasil oitocentista, a dúvida acerca do momento em que se tornaria liquido o direito à liberdade do cativo liberto sob condição, bem como é recorrente a discussão acerca das condições de posse da liberdade[83] (GRINBERG, 2002; PENA, 2001; NEQUETE, 1988a):

> [...] nos processos de liberdade condicional é discutido se o escravo em questão já estaria de posse de sua liberdade antes do fim do cumprimento da condição. Melhor dizendo, questiona-se a existência de uma posse semiplena, ou quase-posse, no que diz respeito ao estado civil. (GRINBERG, 2002, p.204).

---

83 Keila Grinberg afirma que um dos motivos pelos quais as definições sobre posse da liberdade eram tão confusas diz respeito à ausência de codificação nacional e à própria polissemia que o conceito jurídico recebia em distintos contextos ao longo de todo o século XIX: "E a variedade de sentidos conferida a esta noção podia ser percebida ainda no direito medieval português, já que, até pelo menos meados do século XIII, as palavras posse e propriedade eram designadas por uma única expressão iur (do latim ius) [...]" (GRINBERG, 2002, p.204).

Considerando a literalidade da previsão do artigo 179 do Código Criminal, parece adquirir especial importância a caracterização da posse da liberdade daquele que reclama a ilegalidade do cativeiro. Ao analisar casos de cativeiro ilegal ocorridos na cidade mineira de Mariana no século XIX, Heloísa Maria Teixeira encontra um caso ocorrido no ano de 1843 no qual Manuel Francisco da Cunha é investigado pelo crime de reduzir à escravidão a liberta Maria Crioula, e o juiz julga improcedente a denúncia ancorando-se em argumentos similares àqueles utilizados no caso de Porfíria:

> Porquanto, para se dizer existente semelhante crime se torna indispensável que o indicado criminoso pelo direito da força ou artifício fraudulento tome a qualquer escravo estando com o atual gozo de sua liberdade e é isto o que se não prova do sumário, antes se mostra pelas testemunhas a boa conduta do réu e sua boa-fé. (TEIXEIRA, 2008, p.19).

Apesar da congruência das interpretações feitas pelos juízes em Porto Alegre e Mariana em sede das discussões sobre as hipóteses para caracterização do crime de redução de pessoa livre à escravidão, a controvérsia acerca dos elementos exigidos para evidenciar a posse da liberdade é ampla e se apresenta ao judiciário em outras situações referentes à fronteira entre liberdade e escravidão.

A questão ocupa papel de destaque nas reflexões e produções teóricas dos juristas oitocentistas. O bacharel Agostinho Marques Perdigão Malheiro, na sua obra clássica sobre a escravidão no Brasil, defende que, para a verificação da hipótese de ocorrência do crime previsto no artigo 179 do Código Criminal, "não obstam as palavras da lei – que esteja em posse da liberdade – ; porque, não designando a espécie de posse, nem condições dela, admite não só a natural, mas a civil e ficta[84] [...]" (MALHEIRO, p.215).

Na mesma linha da interpretação apresentada por Perdigão Malheiro, o promotor de justiça Antônio Pedro Fernandes Pinheiro, "não se conformando com o despacho" publicado pelo doutor Serafim dos Anjos França,

---

84 Acerca da posse ficta: "Além da posse real, consistente *animo et corpore*, que nos dá o império efetivo sobre as coisas, outra existe, criada exclusivamente pela lei, onde algumas vezes falta – o *animus sibi habendi*, e de outras vezes também a detenção material de sorte que não existe nela a efetiva sujeição das coisas à nossa vontade". (RIBAS, 1883).

justificou o seu pedido de recurso atacando a conclusão do delegado acerca da inexistência da posse da liberdade de Lino, Leopoldino e sua mãe:

> O 2º fundamento, isto é, que a parda e seus filhos não estiveram na posse de sua liberdade, está destruído pela própria confissão do acusado porque declarando ele que com efeito Joaquim Alves lhes passou carta de liberdade, não pode negar-lhes essa posse, **por que a liberdade não é um objeto material que se apreenda, é sim um direito que o adquire aquele a quem é transmitido ou concedido desde o momento em que se lhe faz essa concessão, ou se verifica um fato de que dependa essa transmissão, e por isso ainda que a parda e seus filhos não tivessem a posse material da carta de liberdade, tinham todavia a posse civil dessa mesma liberdade, adquirida pelo simples fato de lhes ser passada essa carta**, e desde o momento em que ela foi passada por seu senhor, embora por estratagema, má-fé ou abuso do acusado lhes não fosse ela entregue. (grifo nosso).

Conforme observado por Perdigão Malheiro, o silêncio da lei sobre a natureza da posse necessária para caracterizar a interdição da liberdade punida pelo Código Criminal possibilitaria a legítima invocação da posse civil da liberdade de Porfíria e seus filhos. Sobre aquela espécie de posse classificada como civil, é nas Instituições de Direito Civil, de autoria de Pascoal de Mello Freire, que encontraremos a melhor definição: "A posse requer por sua natureza ambas as coisas; o corpo, isto é, um facto, e o ânimo. Mas algumas vezes, por exigências da utilidade pública, a lei concede a posse sem facto, a qual se chama civil para diferenciar da natural" (MELLO FREIRE, 1779, p.247). Daí que, em não sendo a liberdade coisa corpórea ou "um objeto material que se apreenda", a formulação apresentada pelo promotor tinha nesse jurista respaldo teórico.

Além das decisões judiciais e das obras sobre a legislação civil, as possibilidades de interpretação acerca da posse da liberdade e a liberdade condicional envolviam, ainda, as esferas dirigentes da política nacional. Como demonstração da falta de consenso sobre o tema e quase duas décadas após a história processual de Porfíria e aproximadamente uma década antes da lei que aboliu a escravidão no Brasil, encontramos, no volume 4 do periódico *O Direito: revista mensal de legislação, doutrina e jurisprudência*, decisão do governo, datada de 14 de abril de 1874, assinada pelo Visconde do Rio Branco, presidente do conselho de ministros e secretário de estado dos negócios da Fazenda, onde se determinava que os coletores deveriam recusar-se a incluir, em matrícula de escravos, indivíduos já matriculados-

[85] com a nota de libertos condicionalmente. E conclui reconhecendo que, por mera requisição daquele intitulado proprietário, não pode ser alterado o *status* civil de "indivíduos que já estavam na **posse de uma liberdade condicional**" (O DIREITO, 1874, p.632,grifo nosso).

A ausência de unidade na regulamentação dos efeitos jurídicos decorrentes da presunção de posse da liberdade bem como no que diz respeito a outras situações relacionadas ao binômio escravidão e liberdade é verificada ao longo da existência da escravidão no Brasil. José Próspero Jeová da Silva Caroatá abre o seu Apanhamento de decisões sobre questões de liberdade ponderando que, em virtude da não sistematização da legislação relacionada à escravidão,

> [...]em matéria desta ordem veem-se os juízes e tribunais em graves embaraços, já por ser deficiente a nossa legislação, que nesta parte foi inteiramente omitida na classificação da Consolidação, já por não estar a legislação subsidiaria, à que devem recorrer, de conformidade com os princípios de nossa Constituição política; sendo que estas razões tem dado lugar a aparecerem sobre questões idênticas decisões encontradas. No entanto é este assunto do maior interesse no nosso país onde tantas fortunas existem empregadas em escravos. (CAROATÁ, 1867, p.04).

Refletindo as preocupações do cenário jurídico da época, das vinte e seis questões apresentadas por Caroatá, a primeira é aquela que diz respeito aos efeitos jurídicos decorrentes da alforria condicionada à prestação de serviços, em relação ao *status* civil dos filhos nascidos durante a vigência da condição imposta para a liberdade da sua mãe. Trata-se de um libelo cível apresentado na cidade de Angra dos Reis para reconhecimento da liberdade do pardo Aquilino, em que o Tribunal da Relação da Corte reconhece a liberdade dele,

> por quanto tendo sido logo registrada a carta de liberdade outorgada à mãe do embargante ficou ela desde a data desta com direito à liberdade, concedida assim inter vivos a condição de prestar serviços ao libertante, e sua mulher em quanto vivos, e por conseguinte livre o embargante por ter nascido quando sua mãe já era livre pelo princípio *partus ventrem sequitur*. (CAROATÁ, 1867, p.10).

---

85 Acerca das estratégias para legalizar a propriedade ilegal através da matrícula ver MAMIGONIAN, Beatriz. **O Estado Nacional e a instabilidade da Propriedade Escrava**: A Lei de 1831 e a matrícula dos escravos de 1872. Almanack, n.2, nov. 2011.

No mesmo sentido, um acórdão do Tribunal da Relação de Porto Alegre, de 22 de setembro de 1874, analisou o direito à liberdade das filhas da parda Francisca, nascidas durante o período de vigência da condição de alforria imposta à mãe e, na ocasião, o tribunal considerou que elas deviam ser declaradas livres posto que,

> com a concessão de liberdade à escrava Francisca (mãe das autoras apeladas), perdeu incontestavelmente seu senhor o direito que sobre ela tinha; mas, como foi condicional a manumissão, ficou esta apenas limitada pela obrigação de prestar serviços, obrigação que, de modo algum, altera a liberdade, por ser antes um ônus imposto do que uma condição suspensiva. Livre, pois, se devia considerar a parda Francisca desde a data do título de sua alforria; e livres também suas filhas, as autoras, por terem nascido depois do ato que àquela conferiu liberdade. (NEQUETE, 1988a, p.150).

Figura 5: Mãe Preta. Lucílio de Albuquerque 1912[86].

---

86 Disponível em: <http://www.brasilartesenciclopedias.com.br/mobile/nacional/albuquerque_lucilio04.htm>.
Acesso em 10 de dezembro de 2013.

As decisões das Relações do Rio de Janeiro e de Porto Alegre encontram precedente no histórico debate sobre o tema iniciado na sessão do dia 8 de outubro de 1857 no Instituto dos Advogados do Brasil, tendo como principais protagonistas Teixeira de Freitas e Caetano Soares (PENA, 2001).

2.3 O CATIVEIRO: *EXTRAORDINÁRIO, ENIGMÁTICO E IMPOSSÍVEL DE EXPLICAR-SE*

Depois de todo o exposto, temos a seguinte situação: Porfíria era escravizada de Vidal, que lhe passou alforria condicional mediante pagamento a Oliveira, que passou a ser seu proprietário, que realizou negócio com Albuquerque, recebendo dois escravizados pela libertação de Porfíria, que continuou mantida cativa por Albuquerque. Vidal só consta no livro de notas, Oliveira foi para Santa Catarina, Albuquerque foi parar na justiça e foi declarado dono de Porfíria por decisão do doutor Luiz Alves Leite de Oliveira Bello, que até então não tinha entrado na história.

A paródia da conhecida construção poética Quadrilha, de Carlos Drummond de Andrade[87], nos parece apropriada para sintetizar o desfecho da saga, conduzida em meio à cumplicidade dos homens da época, de Porfíria, Lino e Leopoldino entre a escravidão e a liberdade.

> Pelo que respeita o 3º fundamento, isto é, de que não houve má fé da parte do acusado, em todo o seu procedimento para com a parda Porfíria e seus filhos, é na verdade **extraordinário e enigmático, e impossível de explicar-se**, porque para considerar-se como verdadeiro e justo este fundamento, indispensavelmente se deve ter como falso o depoimento de todas as testemunhas, e igualmente o documento que serviu de base para a denúncia, e [o/a] serem estes verdadeiros, necessariamente que é falso, e frívolo aquele fundamento do despacho, por que se os documentos e provas verdadeiras que aparecem no processo tem todos por fim mostrar que Joaquim Alves concedeu plena liberdade aqueles seus escravos, é que o próprio acusado foi o agente e protetor dessa liberdade, como é possível conceber que este protetor quisesse depois vender tais pessoas sem má-fé? Como se pode acreditar que o acusado lhes ocultasse a carta de liberdade que seu senhor lhe havia passado, sem alguma sinistra intenção de dolo e má fé? (grifo nosso).

---

87 João amava Teresa que amava Raimundo que amava Maria que amava Joaquim que amava Lili que não amava ninguém. João foi para os Estados Unidos, Teresa para o convento, Raimundo morreu de desastre, Maria ficou para tia, Joaquim suicidou-se e Lili casou com J. Pinto Fernandes que não tinha entrado na história. (Quadrilha, Carlos Drummond de Andrade).

O recurso apresentado pelo promotor de justiça em virtude da não pronúncia de Manoel Albuquerque é julgado pelo juiz municipal interino, capitão Manoel José da Câmara, em 25 de junho de 1849, que decide que não houve injustiça na decisão do delegado de polícia Serafim dos Anjos França Junior e pondera que o recorrente "no Juízo Superior para onde recorre alcançará o que pretende".

A partir daí o trâmite processual esbarrou em entraves sociais e burocráticos do judiciário gaúcho. Em 28 de junho de 1849, o escrivão Nolasco fez conclusos os autos a Francisco Coelho Borges, juiz de direito interino da 1ª e 2ª varas da comarca, que devolveu os mesmos autos em 11 de agosto sem despacho algum "em razão de haver cessado o exercício em que estava de juiz de Direito da segunda vara crime". Daí, os autos foram encaminhados para apreciação do doutor juiz de Direito da segunda vara crime, Manoel José de Freitas Travassos Filho, que juntou despacho declarando-se suspeito "por ser padrinho e amigo do recorrido" e determinando que o escrivão fizesse os autos conclusos a quem competir.

A alegação de suspeição de Travassos Filho parece auxiliar a compreensão da aparente recusa de Francisco Coelho Borges em sentenciar o destino do acusado, apadrinhado do titular da segunda vara crime. É compreensível que o imparcial julgamento da decisão restaria comprometido e com repercussões muito além das jurídicas e sociais, transbordando para as estruturas corporativas dos bacharéis da estrutura judiciária local. Acerca das relações de poder verificadas entre as autoridades policiais de Porto Alegre:

> [...] policiais e ex-policiais podiam ser utilizados pelo partido no governo para vinganças políticas, seja através de agressões físicas nas ruas ou provocações em comícios. Existia uma hierarquia de cargos que iniciava nos gabinetes e atingia as Províncias, com os presidentes de província nomeados e as diversas autoridades policiais subordinadas ao Ministro da Justiça, que poderiam ser manipuladas para atingir algum indivíduo incômodo, talvez visando atrapalhá-lo em um momento eleitoral. (MOREIRA, 2003, p.39).

A menos que se acredite na imparcialidade do poder judiciário, é possível desprezar a possibilidade de que o doutor Travassos Filho se limitava a acompanhar de perto a questão da possibilidade de criminalização do afilhado, cuidando como fosse possível para evitar a pior resolução do feito.

O eventual reconhecimento da liberdade de Porfíria implicaria intervenção nos domínios do direito de propriedade de Mello e Albuquerque. Manuela Carneiro da Cunha destaca que a alforria era essencialmente uma questão privada, integrante dos direitos de propriedade zelosamente guardados pelo Estado (CARNEIRO DA CUNHA, 1985, p. 44). Mas seria, também, reconhecer como criminoso um integrante ilustre da sociedade local com relações sólidas com o judiciário da época.

> Na tomada de decisão, o magistrado era colocado diante de uma situação complexa: ele devia considerar instrumentos legais heterogêneos, fundados em princípios jurídicos contraditórios e conceitos jurídicos confusos, indivíduos de diferentes categorias sociais, outras circunstâncias particulares da situação (mesmo não previstas na lei, e não presentes nos autos), e enfim, os efeitos políticos e sociais da sua decisão. Politicamente, havia considerações relacionadas à estabilidade da ordem política imperial e à fidelidade partidária do magistrado. O magistrado também confrontava-se com lealdades locais e expectativas de conduta contrárias ao enunciado genérico das normas legais que deveria 'aplicar'. (KOERNER, 1999, p.51).

É assim que, em 13 de setembro de 1849, Oliveira Bello[88] julga improcedente o recurso pelas jurídicas razões presentes no despacho de Serafim dos Anjos. Após a publicação da decisão, o procurador de Albuquerque requer a execução da sentença mediante a expedição de mandado de entrega de Porfíria, Lino e Leopoldino àquele que os possui por justo título. E, em 28 de setembro de 1849, o derradeiro pronunciamento da justiça sobre o caso: "Como se requer".

Retomando a epígrafe de abertura deste capítulo, é possível afirmar que a não condenação de Manoel Albuquerque pelo crime de reduzir pessoa livre à escravidão e o consequente reconhecimento da sua condição de proprietário de Porfíria, Lino e Leopoldino evidencia que, naquela sociedade escravista, uma vez mais, "o sistema penal funcionara" (BATISTA, 2007) em suas funções de controle social e manutenção do *status quo*.

---

88 Paulo Roberto Staudt Moreira (2003, p. 28) nos informa que, em 1856, Luis Alves de Oliveira Bello era chefe de polícia interino e foi o responsável por realizar importante levantamento acerca da população escrava em Porto Alegre. Naquele ano, num universo de 17.226 cidadãos, foram contabilizados 5.146 escravos.

3

POR MARES E FRONTEIRAS: AS POSSIBILIDADES DE OCORRÊNCIA DE ESCRAVIZAÇÃO ILEGAL E TENTATIVA DE REDUÇÃO DE PESSOA LIVRE À ESCRAVIDÃO NO RIO GRANDE DO SUL

> — Então por que é que vosmecê nunca protestou contra a escravatura?
> O padre mexeu-se, tomado de mal-estar. Nessas ocasiões ele sentia mais agudamente que nunca aquele fogo no peito.
> — Os escravos nesta província são muito mais bem tratados que em qualquer outra parte do Brasil! Eu queria que vosmecê visse como os senhores de engenho tratam os negros lá no Norte.
> — Eu sei, mas vosmecê não respondeu à minha pergunta... Será que Deus não fez os homens iguais?
> — Mas tem de haver categorias para haver ordem e respeito. – Usou uma palavra grande para esmagar o outro.
> — Tem de haver hierarquia. No fim de contas esse foi o mundo que nós encontramos ao nascer, capitão. Não podemos mudar tudo de repente.
>
> (Érico Veríssimo)

Na trilha das considerações apresentadas nos capítulos anteriores, este capítulo apresenta estudo das quatro últimas fontes que serão estudadas, constituindo-se, em sua maioria, em investigações criminais referentes a suspeita de ocorrência do crime de reduzir pessoa livre à escravidão no Rio Grande do Sul.

A partir dos casos analisados, é possível o desenho de um panorama das distintas formas pelas quais poderia ter lugar a escravização ilegal de pessoas livres e sua relação com as peculiaridades dos distintos momentos sócio-políticos e jurídicos da escravidão ao longo das décadas de 1830 e 1870.

Assim, é possível problematizar temas centrais como a situação dos africanos livres frente à legislação nacional; a permanência impune do contrabando de africanos para o Brasil e sua relação com o tráfico interprovincial para a província do Rio Grande do Sul, bem como as relações diplomáticas entre Brasil e Uruguai nos casos envolvendo o trânsito de livres, libertos e escravizados pela fronteira entre os dois países.

3.1. O RIO GRANDE NA ROTA DO TRÁFICO DE ESCRAVIZADOS: DESEMBARQUE ILEGAL DE AFRICANOS NO RS, VIGILÂNCIA E O PROBLEMA DOS AFRICANOS LIVRES ARREMATADOS (1835)

Aos três dias do mês de novembro de 1835, no juízo de paz do primeiro distrito da cidade de Porto Alegre, o inspetor da Marinha, Sr. Joseph Pereira de Barros, "deu parte" do fato de ter encontrado dois pretos africanos, vindos de Santos, no Patacho Amizade Constante, embarcação cujo mestre era o Sr. Ignacio Antonio Cardozo.

Tratava-se de Mariana, com idade estimada entre 18 (dezoito) e 20 (vinte) anos, e Antônio, contando com 10 (dez) ou 12 (doze) anos, ambos naturais de Angola. Em depoimento, o inspetor da Marinha informou que, "ao fazer a visita de estilo", encontrou os dois jovens negros na embarcação e relatou: "pelas indagações a que procedi, conheci terem os mesmos vindos depois da lei que proíbe tal comércio e desembarque dos africanos"[89].

Aqui, cabe relembrar ao leitor que a lei de 7 de novembro de 1831 determinava, em seu artigo 1º, que "Todos os escravos, que entrarem no território ou portos do Brasil, vindos de fora, ficam livres". Em seu artigo 3º, entre aqueles que seriam considerados "importadores" para efeitos legais, a lei elencou o mestre e o contramestre da embarcação. Assim, na história de Antônio e Mariana aqui contada, sendo o Sr. Ignacio mestre da embarcação, o juiz municipal, seguindo a previsão legal, iniciou a investigação a fim de averiguar se ele deveria ser indiciado pelo crime de reduzir pessoa livre à escravidão previsto no artigo 179 do Código Criminal do Império.

Antes de retornar aos meandros processuais da história, parece ser relevante tentar compreender um pouco melhor como o Inspetor da Marinha suspeitou da condição dos pretos embarcados no Patacho Amizade Constante. Ainda que, no processo que trata do caso, não conste detalhes capazes de caracterizar a "visita de estilo" realizada à embarcação,

---

89   APERS, Acervo do Judiciário, Porto Alegre, Processo crime, nº 509, 1835.

o aporte teórico sempre perspicaz e minucioso de Sidney Chalhoub, na obra A força da escravidão: ilegalidade e costume no Brasil oitocentista, nos indica que o Decreto de 12 de abril de 1832, que regulamenta a lei de 7 de novembro de 1831, "pormenorizou as atribuições das autoridades e os critérios que deveriam seguir na inspeção das embarcações suspeitas de contrabando de africanos" (CHALHOUB, 2012, p.46).

Assim, entre os sintomas que denunciavam ao Inspetor da Marinha, após realizar suas indagações aos africanos, a ilegalidade da presença deles naquele porto do Sul do Brasil, pode-se cogitar que o idioma, sinais físicos e comportamento de Mariana e Antônio caberiam na moldura legal descrita nos arts. 7º e 9º do Decreto de 12 de abril de 1832:

> Art. 7º Na mesma visita procurar-se-ha observar o numero e qualidade da tripolação negra, ou dos passageiros dessa côr; e **notando-se que alguns, ou todos não são civilizados, ou muito além do numero necessario para o manejo do barco, se forem libertos não desembarcarão, e se forem escravos serão depositados, procedendo-se ulteriormente conforme a Lei.** (grifo nosso).

> [...] Art. 9º Constando ao Intendente Geral da Policia, ou a qualquer juiz de paz, ou criminal, que alguem comprou ou vendeu preto boçal, o mandará vir à sua presença, examinará se entende a lingua braziléira; se está no Brazil antes de ter cessado o trafico da escravatura, procurando por meo de interprete certificar-se de quando veio d'Africa, em que barco, onde desembarcou, por que lugares passou, em poder de quantas pessoas tem estado, etc. Verificando-se ter vindo depois da cessação do trafico, o fará depositar, e procederá na fórma da Lei, e em todos os casos, serão ouvidas summariamente, sem delongas superfluas as partes interessadas.

Iniciadas as investigações sobre o caso, o mestre da embarcação, Sr. Ignacio Antonio Cardozo, notificado "em sua própria pessoa" pelo escrivão Manoel Barreto Ribeiro, prestou depoimento no juízo de paz do primeiro distrito da cidade de Porto Alegre onde afirmou ser natural da Ilha Terceira e viver no Brasil havia vinte e três anos, dos quais, dezoito haviam sido dedicados a servir de mestre de diferentes embarcações. Havia seis meses adquirira o Patacho Amizade Constante no Rio de Janeiro e daí navegou até Santos onde os jovens negros e seus respectivos passaportes lhes foram confiados pelo Sr. Gabriel da Silva Oliveira, para serem entregues a José Vicente Garcez Frank na cidade de Porto Alegre.

Do depoimento do Sr. Ignacio Cardozo, uma nuance parece ser digna de nota para os fins aos quais se propôs esta pesquisa. O escrivão Manoel Ribeiro, que a tudo ouvia e reduzia a termo com diligência, escreveu que, entre as perguntas dirigidas pelo juiz ao depoente, constava aquela relativa a "de quem recebeu os dois escravos, digo, os dois pretos". O destaque para tal passagem deve-se ao fato de que a ressalva do escrivão acerca da denominação dada a Mariana e Antônio no curso do processo, diz respeito ao fato central a que se destinavam as diligências processuais, isto é, a necessidade de elucidar a condição livre ou escrava dos pretos e, consequentemente, se era um caso do crime de reduzir pessoa livre à escravidão, previsto no artigo 179 do Código Criminal do Império.

Dessa forma, se num primeiro momento o escrivão pareceu presumir a condição civil de Mariana e Antônio como escravizados, ao dar-se conta do equívoco julgou melhor tratá-los como pretos, termo que, após a celebração dos acordos com a Inglaterra para a proibição do tráfico, tornava-se ainda mais amplo e podia referir-se a cativos, libertos ou africanos livres.

Nem escravos, nem libertos, nos passaportes conferidos a Mariana e Antônio para a viagem a Porto Alegre, devidamente assinado pelo juiz de paz do primeiro distrito da vila de Santos, Francisco Xavier da Costa Aguiar, consta que a adolescente e o jovem eram dois mais entre os milhares de africanos resgatados do tráfico ilegal e que deveriam ser emancipados pelo governo brasileiro em virtude do Alvará de 26 de janeiro de 1818.

A desconfiança do Inspetor da Marinha estava certa: de fato os ditos africanos haviam chegado ao Brasil após a proibição do tráfico. No entanto, a sua permanência em território nacional estava resguardada baixo a categoria legal de africanos livres e, como tais, haviam sido arrematados na vila de Santos com a obrigação de prestar serviços a José Vicente Garcez Frank, de acordo com o parágrafo quinto do Alvará de 1818:

> § 5° Os escravos consignados á minha Real Fazenda, pelo modo prescripto no sobredito 7}[sic] artigo do regulamento para as Commissões Mixtas, e todos os mais libertos pela maneira acima decretada, por não ser justo que fiquem abandonados, serão entregues no Juizo da Ouvidoria da Comarca, e onde o não houver, naquelle que estiver encarregado da Conservatoria dos Indios, que hei por bem ampliar unindo-lhe esta jurisdicção, para ahi serem destinados a servir como libertos por tempo de 14 annos, ou em algum serviço publico de mar, fortalezas, agricultura e de officios, como melhor convier, sendo

> para isso alistados nas respectivas Estações; ou **alugados em praça a particulares de estabelecimento e probidade conhecida, assignando estes termo de os alimentar, vestir, doutrinar, e ensinar-lhe o officio ou trabalho, que se convencionar, e pelo tempo que fôr estipulado, renovando-se os termos e condições as vezes que fôr necessario, até preencher o sobredito tempo de 14 annos,** este tempo porém poderá ser diminuido por dous ou mais annos, aquelles libertos que por seu prestimo e bons costumes, se fizerem dignos de gozar antes delle do pleno direito da sua liberdade. E no caso de serem destinados a serviço publico na maneira sobredita, quem tiver autoridade na respectiva Estação nomeará uma pessoa capaz para assignar o sobredito termo, e para ficar responsavel pela educação e ensino dos mesmos libertos. [...] (grifo nosso).

Ouvido pelo delegado de polícia, Antônio informou que o primeiro porto do Império no qual haviam desembarcado foi o da Barra do Bertioga onde foi um escaler[90] buscar os muitos negros que aí estavam e os conduziu para a Alfandega da vila de Santos. Aí chegando, foram para a casa "de um homem que lhes dava de comer" e daí foram para a porta do juiz de paz, onde foram arrematados, com mais duas negras, por Garcez Frank. Esta é toda a informação que o documento oferece acerca das circunstâncias da chegada dos africanos.

Em lugar do depoimento de Mariana, que poderia nos ofertar mais dados, existe apenas o seguinte registro: "passou o dito juiz a interrogar a preta Mariana pela maneira que havia feito ao preto Antonio a qual respondeu conformemente com o que o primeiro havia respondido".

Em estudo sobre as especificidades do desembarque e funcionamento do tráfico ilegal de africanos após 1831, Marcus J. M. de Carvalho (2012) destaca que, apesar da evidente continuidade do contrabando negreiro, os traficantes precisaram adotar algumas medidas para tentar camuflar a prática, tal como o uso de embarcações menores para o transporte da carga humana até a costa. Daí porque nos parece que o uso do escaler é indicativo da circunstância ilícita do desembarque.

Apesar desta pista, o relato de Antonio, ou o que dele foi registrado, deixa dúvidas acerca das vicissitudes da sua chegada em Santos. Qual a relação entre o desembarque com aparência de ilegalidade, aqueles que os

---

90   Segundo o Dicionário Aurélio: Escaler- Pequena embarcação, geralmente a remo, que serve para transbordo de mercadorias nos navios ou para pequenos serviços no mar.

levou até a alfândega, o homem que os escondeu e o juiz de paz? Parece faltar na história algo como um nexo de causalidade que demonstre que entre a saída do mar e o momento da arrematação houve alguma ação das autoridades locais no sentido de verificar a sua condição de africanos livres e proceder às devidas providências.

No intento de melhor compreender os acontecimentos relativos ao desembarque de Mariana e seu malungo, seguimos na senda das contribuições de Marcus Carvalho e ressaltamos que, para a garantia do sucesso da empreitada do tráfico, era essencial aos traficantes burlar a fiscalização dos ingleses nas rotas marítimas e contar com a conivência das autoridades locais para garantir o desembarque e trânsito dos africanos em terra firme.

Além do risco da punição pelo crime de reduzir pessoa livre à escravidão, os responsáveis pela entrada dos pretos novos poderia ter a carga surrupiada por grupos locais adversários àqueles responsáveis por assegurar o desembarque. Daí porque a necessidade de estabelecer redes e alianças estratégicas com delegados de polícia e juízes de paz.

> Não seria difícil para algum senhor de engenho assumir seu cargo de juiz de paz, ou sua patente de oficial da Guarda Nacional, ou mesmo do (oficialmente) extinto corpo de ordenanças, armar seus dependentes e até seus cativos de confiança e se apropriar de africanos ilegalmente desembarcados nos limites de suas terras. É por isso que os juízes de paz foram os que primeiro lucraram com as propinas do tráfico segundo o relatório Alcoforado. As autoridades locais se regalaram com o tráfico. (CARVALHO, 2012, p. 243).

A hipótese de que Antonio e Mariana foram recepcionados ainda na beira mar e conduzidos em terra firme até a arrematação por uma dessas redes envolvendo autoridades locais de conivência com o tráfico, apesar de ser plausível, carece de informações documentais para verificação. Porém, se no caso concreto não é possível afirmar que a história da chegada destes africanos é perpassada por algum dos esquemas de conluio escravista, não podem ser desprezadas as pistas que parecem tornar evidente a relação entre a sua chegada ao Império e um desembarque ilegal de africanos ocorrido na Barra do Bertioga em outubro de 1831.

Do termo de rematação [sic] constante dos autos, verificamos que Antonio e Mariana foram arrematados em 13 de outubro de 1831, na vila de Santos e em casa do doutor juiz de órfãos Fernando Pacheco Jordão. O maior lance pelos serviços do casal de africanos havia sido feito por José Vicente Garcez Frank, que ofereceu a quantia de quinze mil réis por doze anos de serviços da pequena africana e o valor de dez mil réis para usufruir por catorze anos dos serviços do outro jovem. Comprometendo-se, por óbvio, com alimentação, vestuário, doutrinação e emprego no serviço doméstico, além de todas as recomendações contidas no Alvará de 26 de janeiro de 1818.

Pois bem, em busca da reconstrução da trajetória dos ditos africanos, compartilhamos a notícia constante da edição de 8 de outubro de 1831 do Jornal O Novo Farol Paulistano:

> Há dias desembarcaram no porto da Bertioga 270 escravos novos, vindos da Costa d'África. O juiz de fora da vila de Santos foi imediatamente sequestrá-los, e estão em depósito. Dizem-nos que o navio em que vieram, retirando-se para fora do porto, dera à costa, e que morrera o capitão. Alguns marinheiros estão presos. Por oras ainda não se sabe a quem pertencem os escravos. Deus queira que em todas as partes haja tanta vigilância em não deixar entrar por contrabando em nossos portos essa classe desgraçada, e que os repetidos prejuízos dos especuladores os vão desanimando deste tráfico vergonhoso e bárbaro. (O Novo Farol Paulistano, 8 de outubro de 1831).

A julgar pelo relato de Antonio, presume-se que não houve grande lapso temporal entre a descida do barco que os trazia e o momento da arrematação. É dizer, se o desembarque clandestino noticiado ocorreu alguns dias antes do ato de praça pública no qual foram expostos Antonio e Mariana, é muito possível que estivessem eles entre os 270 integrantes do desembarque de que o jornal dá notícia. As informações da imprensa e o depoimento de Antonio parecem compor o desenho da mesma cena onde os muitos pretos que o acompanhavam podem assumir a dimensão numérica de 270 africanos e o homem que lhes dava de comer fosse talvez o depositário a que se refere o jornal. Aliás, é digno de nota observar que a ideia de africanos livres ainda era algo distante à compreensão do redator do periódico, que se refere aos mesmos como "escravos novos".

Acerca das medidas adotadas para punição dos responsáveis pelo desembarque supramencionado, em 16 de novembro de 1831, o jornal O Novo Farol Paulistano transcreve um despacho de Diogo Feijó, então Ministro da Justiça, ao presidente da província de São Paulo constante do Diário do Governo. Chama a atenção o fato de que o periódico veicule transcrições de correspondências do governo. Supomos que a iniciativa se destina a dar publicidade para o cumprimento da nova lei e servir de exemplo àqueles que ainda apresentavam resistência em abandonar a vinculação ao costumeiro comércio da importação de africanos.

> Ilustríssimo e excelentíssimo senhor – A Regência, a quem foi presente o ofício de v. excia. datado de 2 do corrente, acompanhado das participações que lhe dirigira o juiz d'Alfândega da Vila de Santos, dando parte da apreensão de 267 pretos africanos lançados por contrabando nas praias da Bertioga, por detrás da Armação das Baleias; manda em nome do imperador responder a v. excia. que dos referidos pretos, depois de serem todos competentemente julgados na conformidade do alvará de 26 de janeiro de 1818, e tratados existentes, deverão ser empregados na estrada de Santos, ou em qualquer outra obra pública de maior interesse, aqueles que forem para isso próprios; e todos os mais arrematados os seus serviços na conformidade do § 5. do citado alvará a pessoas pobres da cidade, e povoações circunvizinhas, que mais necessitarem deles [...].(O Novo Farol Paulistano, 16 de novembro de 1831).

Ainda sobre o tema, no dia 28 de dezembro de 1832, o mesmo Farol Paulistano informou que os pretos africanos desembarcados ilegalmente no ano passado na Bertioga já se encontravam, conforme ordem do governo central, empregados em obras públicas como a construção da estrada de Santos ou haviam sido arrematados por particulares. Constando aí a ressalva de que foi julgado de acordo com o artigo 7º da lei de 13 de setembro de 1830 tudo o que foi indevidamente praticado. A citada lei estabelecia os regulamentos para a celebração de contrato por escrito sobre prestação de serviços e, segundo o artigo 7º, ficava proibida a celebração de contratos com os "africanos bárbaros, a exceção daqueles que atualmente existem no Brasil".

Beatriz Gallotti Mamigonian pontua que, entre 1821 e 1856, quase 11 mil africanos oriundos do tráfico ilegal foram emancipados pelo governo brasileiro e submetidos a trabalhos compulsórios sendo que, na década de 1830, mais de 80% dos africanos livres foram destinados a prestação de serviços a particulares (MAMIGONIAN, 2005, p.393-395).

Durante o período de 14 anos estabelecido pelo Alvará de 26 de janeiro de 1818, os africanos livres deveriam ser preparados para o trabalho livre, no entanto, a despeito da sua condição jurídica especial, desempenhavam, na prática, as mesmas funções que os cativos (MAMIGONIAN, 2005, p.399).

Apesar de a lei de 7 de novembro de 1831 estabelecer, no artigo 2º, que os importadores de africanos deveriam pagar pelo valor da reexportação dos mesmos a qualquer lugar do continente africano, não se verificou, na prática, o cumprimento da medida e a possibilidade do trabalho involuntário dos africanos livres terminou sendo umas das formas de resolver a situação de acordo com os interesses dominantes.

> A política de manutenção dos africanos livres virtualmente como escravos de seus concessionários não foi parte de um plano premeditado por nenhum dos administradores imperiais, mas foi gradualmente inscrita na política governamental, uma vez que os africanos eram cada vez mais vistos como perigosos para a ordem social, por causa de seu potencial de resistência e por causa da incompatibilidade de sua condição jurídica com a hierarquia escrava. (MAMIGONIAN, 2005, p.400).

A preocupação relacionada à necessidade de controle social e inserção dos africanos livres na lógica de produção fazia com que, além do emprego em obras públicas, alguns destes indivíduos fossem depositados nas Casas de Correção ou nas Santas Casas de Misericórdia das Províncias. No entanto, este tipo de destinação resultava em gastos públicos que se mostravam inúteis "por ser feita com mulheres e crianças, que nenhum serviço prestam nas obras da referida Casa". Assim, com essa explicação, o Aviso Imperial de 29 de outubro de 1834 ordenou que os serviços dos ditos africanos fosse arrematado por terceiros para que estes lhes garantissem "melhor tratamento e civilização". A medida reflete como o problema dos africanos livres exigiu a atenção do governo ao longo da década de 30, o que indica, por sua vez, que, inobstante a proibição, os nativos do outro lado do Atlântico continuavam sendo trazidos para os mares do lado de cá.

Longe de vislumbrar tais reflexões acerca do caso, o juiz de paz de Porto Alegre, Vicente José da Silva França, após escutar o inspetor da marinha, o mestre da embarcação e os africanos, achou por bem solicitar o depósito destes últimos até que fosse possível confirmar a arrematação, bem como tomar conhecimento das cartas que chegaram da vila de Santos e que ainda não haviam sido abertas. Em 4 de novembro de 1835, designou o cidadão Joaquim Lopes de Barros para ser depositário de Mariana e Antônio.

Tendo em vista que, segundo a lei, o depósito deveria ser concedido a pessoa de reconhecida probidade, entende-se o motivo da indicação de Joaquim a partir da verificação de que ele já havia exercido algumas funções como vereador, suplente de juiz e de juiz de paz, chegando a assumir a função de juiz de paz em 1838 (CODA, 2012, p.04).

Mariana e Antônio estiveram em depósito até quinze de fevereiro de 1836 quando uma carta precatória vinda de Santos obrigou a retomada das investigações. Tratava-se de uma iniciativa de José Vicente Garcez Frank que, estando desde novembro do ano findo privado dos serviços dos africanos, peticionou, por seu procurador Beijamin Avelino, ao juiz de órfãos da vila de Santos explicando que, em virtude de infundada suspeita acerca da ilicitude da condução dos jovens para a cidade de Porto Alegre, eles nunca lhe haviam sido entregues pelo juízo daquele lugar. Junto com a precatória constava o termo de arrematação e autorizações oficiais para a viagem dos ditos africanos:

> Passo as mãos de Vossa Excelencia o requerimento incluso de Jozé Vicente Garcês Frank pedindo faculdade para levar em sua companhia para a Provincia de São Pedro do Rio Grande do Sul trez africanos livres que arrematara no Juizo de Africanos da Villa de Santos, há por bem a Regencia em Nome do Imperador que Vossa Excelencia conceda ao suplicante a permissão requerida uma vez que dê fiador idôneo que a todo o tempo responda pelos referidos africanos no juízo competente. Deos guarde a Vossa Excelencia. Palacio do Rio de Janeiro em onze de maio de mil oito centos trinta e cinco . Manoel Alves Branco. Senhor Presidente da Provincia de São Pedro digo, São Paulo. O Vice Presidente da Provincia remete ao Senhor Juiz de Orfãos da Villa de Santos a copia inclusa do Aviso de onze de Maio próximo passado expedido pela Secretario d'Estado dos Negocios da Justiça pelo qual a Regencia em nome do Imperador authorisa a este Governo apermetir que Jozé Vicente Garces Frank leve em sua companhia para a Provincia do Rio Grande de São Pedro do Sul trez africanos livres que arrematara no Juizo de Orfãos da mesma villa para que deixe o suplicante levar os dictos africanos, fazendo-o primeiro cumprir o disposto no mesmo artigo aliaz Aviso. Palacio do Governo de São Paulo deiz de junho de mil oito centos e trinta e cinco. = Francisco Antonio de Sousa Queiróz. Secretaria do Governo de São Paulo doze de dezembro de mil oito centos e trinta e cinco = Joaquim Floriano de Tolêdo. Estava o sello numero quarenta e douz. Pagou de sello oitenta reiz. Alfandega de Santos vinte e douz de dezembro de mil oito centos e trinta e cinco.

Recebida pelo juiz de órfãos de Porto Alegre, Luis dos Santos Paiva, figura responsável por fiscalizar a arrematação de africanos livres, a precatória foi enviada ao juiz de paz do primeiro distrito, Vicente José da Silva França, para que ele diligenciasse o cumprimento ordenando a entrega dos africanos ao arrematante. Em vista dos documentos apresentados, o juiz de paz determinou o cumprimento da decisão, ordenando a entrega de Antonio e Mariana a José Vicente Garcez Frank.

O caso analisado serve para reafirmar a improcedência da máxima de que a lei de 1831 foi despida de eficácia, de que servia apenas para inglês ver. O caso foi iniciado por integrante da Marinha do Brasil responsável pela fiscalização das embarcações, demonstrando que as autoridades imperiais poderiam buscar o cumprimento da lei de proibição do tráfico, inclusive naqueles casos que passavam ao largo da vigilância dos ingleses.

Do mesmo modo, a decisão do juiz de paz foi condicionada à apresentação de documentos e provas acerca da licitude da situação dos africanos livres. No entanto, cabe destacar que, inobstante a exigência legal de determinação de fiador para verificar a situação dos africanos no novo local de residência, sabe-se que o trânsito interprovincial dos africanos livres termina por facilitar que se perdessem os vestígios dessas pessoas e, consequentemente, dificultasse a fiscalização do cumprimento das obrigações legais daqueles responsáveis pela tutela. Nesse sentido, uma viagem como essa poderia ser o primeiro passo para venda como escravos. Pessoas livres submetidas a espécie de cativeiro temporário, ainda que autorizado por lei, "a experiência dos africanos livres ilustra bem os limites da liberdade no Brasil oitocentista" (MAMIGONIAN, 2005, p.391).

Apesar de juridicamente livres, não apenas em virtude do artigo 1º da lei de 1831, que declarava livres todos os africanos introduzidos no Brasil a partir daquela data, os africanos livres tinham a seu favor as previsões dos acordos bilaterais de 1817 e 1826 e posteriormente o conteúdo da Lei Eusébio de Queirós de 1850 (MAMIGONIAN, 2006, p.131). Nas palavras de Evaristo de Moraes, na obra A campanha abolicionista (1879-1888), a situação dos africanos livres era caso de escravidão indireta punida pelo artigo 179 do Código Criminal:

> Uma e única: muitos senhores de escravos, orgulhosos latifundiários brasileiros, se não eram ladrões, eram, pelo menos, receptadores de grande número de liberdades humanas; boa porção das suas fortunas tinha raízes na prática do crime previsto no art. 179 do Código Criminal do Império, pois resultava da escravidão direta dos africanos contrabandeados e da indireta dos africanos livres, misturados no eito com os outros (MORAES, 1986, p. 165).

No caso concreto, porém, a decisão do judiciário de Porto Alegre não pareceu considerar a existência de ilegalidade acerca da situação dos africanos livres, o que terminou por afastar qualquer indício de ocorrência do crime de reduzir pessoa livre à escravidão. Apesar de invocado, o artigo 179 do Código Criminal do Império não foi aplicado ao fim da investigação. Acerca da condição de trabalho vivenciada por Mariana e Antonio, nada sabemos, tampouco se chegaram a ser emancipados ou se serviram por tempo superior àquele determinado por lei. "O destino dos africanos livres depois do cumprimento do seu termo de serviço obrigatório faz parte da história nunca contada" (MAMIGONIAN, 2006, p. 140).

Diferente da situação de Antonio e Mariana, que gozavam do estatuto jurídico de pessoas livres, foi o caso dos milhares de outros africanos que ingressaram no Brasil após a proibição do tráfico, que nunca tiveram o *status* de livre reconhecido: só se uma dessas reviravoltas do destino fizesse que os bons ventos ventilassem o seu direito de ser africano livre e fomentasse a construção dos caminhos legais para a plena liberdade.

3.2 O CASO DO TRAMANDAHY E OS AFRICANOS BOÇAES APREENDIDOS EM PORTO ALEGRE (1852)

Apesar dos esforços britânicos para repressão do tráfico negreiro e a despeito do empenho das autoridades brasileiras em tentar efetivar a lei de 7 de novembro de 1831, continuaram sendo ilegalmente desembarcados no Brasil milhares de africanos para serem introduzidos na escravidão.

> Em 1842, entraram no Brasil 17.435 escravos; em 1846, 50.324; em 1848, 60 mil; em 1850, 23 mil; em 1851, apenas 3.287. Em 1852 setecentos escravos ainda descem nas costas brasileiras, mas, nos dois anos seguintes, não há notícias de africanos contrabandeados. (COSTA E SILVA, 2003, p.27).

Em 1852, o Relatório do Ministério de Justiça informa que o governo continuava com perseverança e energia a empregar todos os meios ao seu alcance para a completa extinção do tráfico de africanos e apresenta o número de africanos entrados no Brasil entre 1842 e 1851. Os dados são os mesmos apresentados por Costa e Silva (2003) na citação anterior, no entanto chama a atenção o fato de que a maior quantidade de entradas está registrada para os períodos de 1846 e 1849 com uma média de 55.000 africanos a cada ano. É dizer, pouco antes da lei de 1850, houve significativo aumento nos números do comércio ilegal de seres humanos para a escravidão.

Além dos dados apresentados, o Relatório do Ministério de Justiça informou que, em abril de 1852, um navio desembarcou aproximadamente duzentos africanos na deserta praia do Tramandahy na Província de São Pedro do Rio Grande do Sul. Consta que, após o despacho da carga, a embarcação encalhou e perdeu-se o seu rastro, motivo pelo qual não foi possível saber qual o país de procedência do navio.

Sobre o caso, relato mais interessante e rico em informações é oferecido pelo pesquisador Vinicius Pereira de Oliveira:

> No dia 11 de abril de 1852, domingo, um navio vindo da África encalha no litoral norte do Rio Grande do Sul, na região da praia de Tramandaí, então ligada à Conceição do Arroio, distrito de Santo Antônio da Patrulha. Percebendo ter sido vítima deste traiçoeiro litoral, o capitão "desampara" o navio, e põe-se a desembarcar a valiosa "carga" humana composta de diversos africanos que em breve seriam vendidos como escravos na região de Conceição do Arroio e nos Campos de Cima da Serra. (OLIVEIRA, 2005, p.12).

O emblemático caso do desembarque clandestino no Tramandahy em 1852 mereceu a atenção da historiografia nacional sendo detidamente analisado por Paulo Roberto Staudt Moreira (2002), que considera ser este o último desembarque de africanos ocorrido em mares da província de São Pedro do Rio Grande do Sul.

O navio é identificado como Palmeira e o ponto do desembarque localizado ao norte da província, num local também conhecido como Capão Alto ou Capão da Negrada. Atualmente, através da história oral da comunidade quilombola de Morro Alto, que se estabeleceu na região, sabe-se que muitos dos que vieram no navio conseguiram fugir e se instalaram no local dando origem à referida comunidade. Outros, porém, não conseguiram fugir e acabaram sendo vendidos em leilões clandestinos e alguns foram reconhecidos como africanos livres pelas autoridades. (MOREIRA; WEIMER; OLIVEIRA, ano *in* ABREU et al., 2013).

Retomando a leitura da fonte da época, o Relatório do Ministério de Justiça de 1852 informa sobre as providências adotadas para punição dos responsáveis pelo desembarque e para que fosse efetivado o registro dos africanos livres:

> Apesar de haver chegado tarde ao conhecimento do Governo um sucesso dado em uma praia erma e que nenhuma suspeita inspirava, foram apreendidos 24 desses africanos. As autoridades policiais do distrito, que pelo silêncio guardado se mostraram pelo menos negligentes, foram demitidas e processadas. A espera de colheita de

provas suficientes houve demora na formação da culpa aos indiciados importadores; em vista porém das repetidas e terminantes ordens do Governo, é de crer-se que a esta hora esteja concluído o processo. (Relatório Ministério de Justiça, 1852, p.05).

Pois bem, acerca do destino de alguns dos africanos desembarcados e do funcionamento da justiça na investigação do caso, temos que, alguns dias após a chegada da carga do navio Palmeira, em 30 de abril de 1852, na Secretaria de Polícia de Porto Alegre, foi iniciado o processo sumário de formação de culpa contra José Geraldo de Godoy e Nicolau dos Santos Guterres, indiciados pelo crime previsto "no artigo 179 do Código Criminal nos termos da lei de 7 de novembro de 1831, por haverem comprado africanos boçaes que foram apreendidos"[91].

O caso foi iniciado a partir da provocação do cidadão Joaquim Domingues D'Oliveira, que denunciou a existência de diversos africanos que, havendo sido ilegalmente desembarcados na costa do Tramandahy, encontravam-se baixo cativeiro ilícito em diversos pontos da região. A partir daí, por ordem de portaria do vice-presidente da província, expedida em 27 de abril daquele mesmo ano, foi desatada a ação da chefia de polícia: "policiou-se a cidade na noite [ilegível] conforme a ordem" e "os lampiões conservaram-se acesos desde que entrou a lua" no intuito de resgatar os supostos africanos livres.

O tenente Sezefredo José de Oliveira Salgado assinou o auto de apreensão no qual oferecia detalhes acerca do momento da prisão dos supostos senhores:

> Encontrei nos campos das Fazendas de Nicolau dos Santos Guterres, e de Jose Geraldo de Godois tres pretos africanos os quais apprehendi, e dirigindo-me as cazas dos proprietários das referidas Fazendas, com a escolta sob meo comando, em conformidade e instrucções que me tinhão sido dadas, os prehendi e com os mencionados Africanos os conduzo para a cidade de Porto Alegre a entregar ao Ilmo Sr Dotor Chefe de Policia interino da província. E para constar lavro a prezente em presença das testemunhas o 1º sargento Candido Antonio da Roza e do cabo João Texeira Guimarães que commigo assignao.

Naquele mesmo dia, Godoy e Guterres foram presos no quartel de polícia da cidade de Porto Alegre, sendo devidamente intimados e tendo

---

91 APERS, Acervo do Judiciário, Porto Alegre, Processo crime, nº 3.511, 1852.

conhecimento de todo conteúdo da portaria que ordenou a prisão, bem como acerca do crime no qual estavam incursos.

Iniciadas as investigações, foram nomeados dois cidadãos negociantes naquela praça para servirem de peritos, reconhecer e examinar os três indivíduos apreendidos com o fim de verificar se eram ou não verdadeiros boçaes. Cumprida a diligência pelo escrivão Bento José de Farias, foram notificados os Srs. José Antonio Coelho e Francisco Francisco que prontamente compareceram à Secretária de Polícia, em presença do doutor chefe de polícia da província, Antonio Ladislau de Figueredo Rocha, do escrivão e do doutor promotor público, Antonio Jozé de Moraes Junior. Após realizar o juramento em um livro dos Santos Evangelhos, onde cada um dos negociantes pôs sua mão direita, procederam ao exame atento dos africanos e declararam ser todos os três "boçaes e proibidos".

Aos africanos, consta que apenas lhes foi perguntado acerca do nome e da nação. O primeiro interrogado afirmou ter por nome Rafael e ser de nação congo e, segundo os peritos, teria entre 16 e 18 anos. O segundo, também de nação congo, aparentava ter a mesma idade de Rafael, apresentou-se como Mabungo e, logo após o registro do dito nome, consta entre aspas a seguinte informação: "há de ser batizado com o nome de Manoel". Por fim, o terceiro indivíduo apreendido afirmou chamar-se Antônio e ser de nação monjolo.

Para curador dos africanos, foi nomeado o cidadão João Bendicto do Santos Alves que, mediante juramento prometeu cumprir tudo que o fosse a bem dos direitos deles. Aqui, vale salientar que, não foi nomeado depositário, como ocorre nos casos em que há dúvida acerca da condição dos indivíduos. O procedimento de nomeação de curador era prática dos casos envolvendo africanos livres, segundo determinação do Alvará de 26 janeiro de 1818. É dizer, diante das circunstâncias do caso, foi presumida a condição de africanos livres submetidos a injusto cativeiro. Ao menos num primeiro momento, esta parecia ser a coerente conclusão das autoridades que conduziam o caso...

Três dias após a prisão, os indiciados foram conduzidos para a Secretaria de Polícia para o interrogatório necessário ao auto de qualificação. José Geraldo de Godoy era natural da capela de Viamão naquela província, declarou-se agricultor, 55 anos de idade, além de ser casado e saber ler e escrever. No interrogatório, assumiu que os africanos foram encontrados nos campos da sua fazenda, no entanto, respondeo que ignora quem para li os conduzio, e que ele interrogado não os comprara a pessoa alguma. Foi-lhe perguntado se não ouvio dizer que na costa do Tramandahy tivera lugar um desembarque de Africanos, e que pessoas tomarão conta d'elles para os venderem por diferentes lugares. Respondeo que não houvio, digo, que não ouvio dizer, nem lhe consta que houvesse desembarque algum de africanos na costa do Tramandahy, e por isso ignora também quem he que tomou conta deles, se com efeito ali desembarcarão. E nada mais disse nem lhe foi perguntado [...].

Da leitura do trecho supratranscrito, é incontornável a impressão de evidente incoerência do evasivo depoimento de Godoy. Quase incompreensível é também a aparente tranquilidade que o chefe de polícia adota frente a insinuação de que os africanos surgiram deliberadamente ou por causas outras que extrapolam a nossa imaginação em terras de fazendeiros do Brasil meridional e aí decidem instalar-se a servir de cativo.

Enfim, deixando de lado as divagações, passemos à análise do interrogatório feito a Nicolau dos Santos Guterres. Guterres afirma ter 72 anos e, quanto às demais informações para o auto de qualificação, compartilha com o vizinho a mesma naturalidade, o mesmo estado civil e profissão. Perguntado sobre o essencial à condução do processo sumário, confirma que os três menores de nação congo e monjolo foram encontrados nos campos de sua residência. Porém,

respondeo que ignora quem para ali os conduzira, e que ele respondente a ninguém os comprara. Foi-lhe mais perguntado se ouvio dizer, que na Costa do Tramandahy tivera lugar um desembarque de Africanos e que pessoas tomarão conta deles para os vender por diferentes lugares. Respondeo que não ouvio dizer que no Tramandahy desembarcassem Africanos e se desembarcarão não sabe quem he que deles [ilegível] conta, porque nada sabe a semelhante respeito. E nada mais disse nem lhe foi perguntado

Se no momento da oitiva de Rafael, Antônio e Mabungo estavam presentes, o chefe de polícia, o escrivão, o promotor público e os peritos, consta dos autos que o interrogatório dos acusados foi realizado perante somente o chefe de polícia, doutor Antônio Ladislau de Figueredo Rocha, e o escrivão. Talvez por tal casualidade, não houve maior questionamento às versões históricas com pitadas de realismo mágico contadas pelos acusados que caminhavam no sentido de sugerir a existência de dois vizinhos proprietários de terrenos lindeiros onde as terras férteis tudo ofereciam, independente de ação dos proprietários.

Considerando que o caso ocorre no primeiro biênio de vigência da lei de 1850, em que o governo brasileiro buscava inculcar o cumprimento da lei através de vigilância e punição, soa estranho que não cheguem até as cercanias da capital da província as notícias acerca de um navio clandestino que desembarcou centenas de escravos e naufragou em seguida.

Marcus de Carvalho (2012, p.250) enfatiza o que ele chama de "vuco-vuco" causado pelo desembarque de um navio negreiro em um ponto qualquer, por mais discretos que tentassem ser os traficantes. No mesmo sentido, como ilustração do "zum-zum" que causa a chegada de um navio negreiro, nos permitimos agregar um relato do realismo mágico do escritor colombiano Gabriel Garcia Marquez acerca do desembarque de carga humana em um porto da América espanhola em fins do século XVIII. Se em outro capítulo destacamos a figura de Machado de Assis como um historiador da escravidão no Brasil, acrescentamos agora que Gabriel Garcia Marquez também pode ser considerado como um lúcido intérprete da história da escravidão negra e da colonização na Colômbia:

> Tinham [Sierva Maria de Todos los Angeles e a criada mulata] recebido ordem de não passar do Portal dos Mercadores, mas a criada se aventurou até a ponte levadiça do arrabalde de Getsemaní, atraída pela bulha do porto negreiro, onde leiloavam um carregamento de escravos da Guiné. O barco da Companhia Gaditana de Negros era esperado com alarme havia uma semana, por ter ocorrido a bordo uma mortandade inexplicável. Procurando escondê-la, lançaram ao mar os cadáveres sem lastro. A maré montante os fez flutuar, e eles amanheceram na praia desfigurados pelo inchaço e com uma estranha coloração roxo-avermelhada. (GARCIA MARQUEZ, 1994, p. 10).

Para além da imaginação literária, o alvoroço causado pela chegada e desembarque de uma carga humana, ainda que clandestinamente, é reconhecido em relatório do ano de 1851, apresentado à Assembleia Geral Legislativa pelo próprio Eusébio de Queiroz, autor da lei responsável por proibir definitivamente o tráfico de africanos no Brasil:

> Um desembarque de africanos não é objeto que possa estar por muito tempo oculto, ainda que se realize desapercebido, o grande número de pessoas, que [ilegível] desembarcar, internar, vender e comprar, devem ter conhecimento do fato, dentro em pouco tempo o divulgam.

O Governo não tem desprezado uma só ocasião de esmerilhar com a maior solicitude o fundamento de qualquer boato a semelhante respeito; e se não é impossível que alguma vez a verdade lhe tenha escapado, não é menos certo, atenta a natureza da matéria, que bem raros serão os desembarques, em que isso possa ter-se verificado. (Relatório do Ministério de Justiça, 1851, p.09).

Se os boatos acerca da chegada ilegal de africanos alcançavam até os ocupados ouvidos das autoridades governamentais, realmente soa estranho o desconhecimento de Godoy e Guterres acerca de fato notório ocorrido em sua mesma província, em suas mesmas fazendas. Se o interrogatório dos acusados não acrescentou qualquer novidade ao caso, o mesmo sucedeu com o depoimento das testemunhas oferecidas pela justiça. Como todas as testemunhas indicadas eram os soldados envolvidos na apreensão dos africanos, nenhum deles aportou qualquer informação acerca do momento anterior ao encontro de Rafael, Antônio e Mabungo nas terras dos vizinhos indiciados. Por tal motivo, ao depoimento das testemunhas não foi oferecida nenhuma sorte de contestação por parte de Godoy e Guterres.

Em 8 de maio de 1852, é realizado novo interrogatório aos acusados que continuavam presos, desta vez com a presença do promotor público Antonio José de Moraes Junior. Como no primeiro interrogatório, realizado ainda no mês de abril, foi repetida a mesma versão por ambos os indiciados acerca do desconhecimento da chegada, existência e permanência dos africanos em suas terras. E, é digno de nota, que pela primeira vez desde o início das investigações se questionou acerca da existência de provas que atestassem a versão contada pelos agricultores:

> [...] perguntado [Nicolau dos Santos Guterres] se tem algum motivo particular a que atribua o presente procedimento oficial respondeu que não tem perguntado se tem fatos a alegar, e provar que justifiquem e mostrem a sua inocência respondeu que não tendo cometido crime algum espera por isso ser mandado soltar da prisão em que se acha.

Vencido ou convencido pelos fatos e a ausência de provas, no mesmo dia, o doutor chefe de polícia deu as diligências por concluídas. Ato contínuo, foi concedida vistas dos autos ao promotor público que os devolveu com a seguinte resposta:

> Qualifico o crime dos acusados n'este summario no art. 179 do Codigo Crim. Na conformidade da Lei de 7 de Novembro de 1831.
> Porto Alegre 8 de maio de 1852.
> O Promotor Publico Antonio José de Moares Junior

Em sentido diverso ao julgamento do promotor público, os autos foram conclusos ao chefe de polícia que apresentou decisão que nos remete a questionar o que seria considerado prova bastante para o indiciamento dos acusados pelo crime de redução de pessoas livres à escravidão. Seria necessário haver testemunhos que confirmassem que Godoy e Guterres compraram os africanos cientes de que os mesmos haviam sido desembarcados por contrabando? Sem a oitiva dos africanos acerca das circunstâncias da sua chegada na terra dos acusados ou de qualquer outra testemunha que não os policiais envolvidos na apreensão de Rafael, Mabungo e Guterres, eis a decisão apresentada:

> Não resultando do exame dos autos prova suficiente de criminalidade contra os réus Nicolau dos Santos Guterres e José Geraldo de Godoy, julgo improcedente o sumario contra eles feito e mando se lhes passe Alvará de soltura, pagas pelo cofre da Municipalidade as custas.
> Porto Alegre 08 de Maio de 1852
> Antonio Ladislau de Figueredo Rocha

O promotor público e os réus presos foram intimados da decisão e foi expedido o alvará de soltura. Sobre as providências adotadas quanto à situação de Rafael, Mabungo e Antonio, não há qualquer menção. Impossível saber se, uma vez inocentados Godoy e Guterres em virtude da improcedência da acusação relativa ao crime de reduzir pessoa livre à escravidão, os africanos saíram das mãos do curador e voltaram aos campos do acusado; ou se, a despeito da não verificação do crime, concedida a liberdade aos acusados, foi reconhecida a condição dos africanos livres e adotadas as providências para regularizar tal situação, de acordo com a lei de 1831.

Apesar da fonte primária com a qual trabalhamos não possibilitar tais respostas, o complemento de informações para melhor compreensão do caso é encontrado no trabalho de Vinicius Pereira de Oliveira (2005), que apresenta a transcrição do registro de vinte cartas de liberdade concedidas a africanos livres apreendidos na Província do Rio Grande do Sul no ano de 1852[92]. Consta aí que, em 26 de junho de 1852, foram emitidas cartas de liberdade a Antonio, Rafael e Mabungo onde eles são declarados livres por sentença do chefe de polícia interino da província, o Dr. Antonio Ladislau de Figueiredo.

---

92   A fonte consulta pelo pesquisador foi APERS, Livro de Transmissão e Notas, 2º Tabelionato de Porto Alegre, Livro 62, Folhas: 27r a 33r.

O desfecho do caso e a opção do chefe de polícia pela inocência dos acusados quanto ao crime de reduzir pessoa livre à escravidão, a despeito do reconhecimento da condição livre dos africanos e das evidências acerca da relação entre a aquisição dos africanos e o desembarque clandestino ocorrido no Tramandahy, oferecem mais sentido ao que o Ministro de Justiça, José Ildelfonso de Souza Ramos, apresentou no já citado relatório de 1852 acerca do "silêncio guardado" e da negligência das autoridades policiais locais no que diz respeito à demora na formação de culpa dos indiciados compradores "a espera de colheita de provas suficientes" (RAMOS, 1852, p.05). Ainda segundo o ministro Ildelfonso, as autoridades que apresentaram dito comportamento foram demitidas e processadas.

No entanto, temos indício para suspeitar que o desempenho do chefe de polícia, Antonio Ladislau de Figueredo Rocha, no caso dos africanos Antonio, Rafael e Mabungo não foi bastante para inseri-lo no rol das ditas autoridades punidas pela negligência nas investigações relacionadas ao desembarque clandestino. Ao que tudo indica, a opção de julgamento que assumiu no caso em nada atrapalhou a sua reputação e trajetória no círculo que José Murilo Carvalho (2003) denomina como "elite política imperial", posto que em 1868 o encontramos como vice-presidente da província da Bahia.

Outro processo-crime[93] envolvendo denúncia de escravização ilegal de africano oriundo do desembarque ilegal de 1852 no Tramandahy é pesquisado por Vinicius Oliveira (2005). No referido processo, o Capitão Joaquim José de Paula, residente em São Leopoldo, é denunciado pelo crime do artigo 179 do Código Criminal por ter reduzido à escravidão o preto Manoel Congo. O caso chegou à justiça em princípios da década de 1860 e, distinto do caso de Mabungo, Rafael e Antônio, o processo oferece relatos do africano através dos quais é possível compreender não apenas as circunstâncias do seu desembarque, mas também as vicissitudes da sua trajetória no Brasil meridional em busca da liberdade. Consta aí que Manoel Congo desembarcou com muitos africanos:

> [...] em uma Lagoa muito grande que ele julga que se chama Maquiné e que
> dali foram para dentro do mato, onde uma multidão de brancos os estava escolhendo, mas que ele respondente pode fugir desse lugar sendo porém pilhado por um outro indivíduo que o guardou sete meses no mato, donde depois saiu para acompanhar um indivíduo chamado Agostinho morador de Cima da Serra, que o dizia que o tinha comprado [...] (OLIVEIRA, 2005, p.45).

---

93 APERS, Processo Crime, São Leopoldo, 1º Cível e Crime, Maço 58, nº 2.967.

As circunstâncias do caso são muitas e interessantes, no entanto nos interessa o fato de que Manoel Congo afirma saber-se ilegalmente escravizado desde sua saída de África. Munido de tal certeza, foge dos maus tratos causados por aquele Agostinho que o comprara logo após o desembarque. Em busca de apresentar-se às autoridades da capital como africano livre, termina por encontrar o Capitão Paula e, convencido da vantagem de estar em suas terras, passa a servi-lo com a garantia de liberdade após o cumprimento do mesmo tempo de serviço ao qual estaria obrigado a prestar na Santa Casa de Misericórdia. No entanto, em 20 de novembro de 1861, após denúncia acerca do seu injusto cativeiro, foi apreendido, reconhecido como africano livre e enviado para prestação de serviços na Santa Casa de Misericórdia de Porto Alegre (OLIVEIRA, 2005, p.101).

A partir das informações oferecidas pela pesquisa de Vinicius Oliveira, é possível agregar mais informações à história não contada acerca das circunstâncias do desembarque de Mabungo, Antonio e Rafael no Tramandahy. Estariam Guterres e Godoy entre aqueles brancos que se aglomeravam para comprar os africanos recém-chegados? Ou os três africanos haviam chegado às terras dos agricultores por intermédio de terceiro?

Essas e outras perguntas seguem como lacunas acerca do caso. Vazios que talvez não existissem se houvesse registro no processo-crime da versão dos fatos contada pelos próprios africanos, tal como se verifica no processo estudado por Oliveira e como previsto pelo decreto de 12 de abril de 1832:

> Art. 10. Em qualquer tempo, em que o preto requerer a qualquer juiz de paz, ou criminal, que veio para o Brazil depois da extincção do trafico, o Juiz o interrogará sobre todas as circumstancias, que possam esclarecer o facto, e officialmente procederá a todas as diligencias necessarias para certificar-se delle: obrigando o senhor a desfazer as duvidas, que suscitarem-se a tal respeito. Havendo presumpções vehementes de ser o preto livre, o mandará depositar, e procederá nos mais termos da Lei.

Sem desconsiderar o lapso temporal de uma década entre as ocorrências, a distinta condução dos casos, evidenciada pela atenção dada ao relato do africano Manoel Congo, indica como o funcionamento da justiça no Brasil oitocentista poderia estar condicionado aos juízos de conveniência e oportunidade das autoridades locais na aplicação das leis relativas ao tráfico, bem como na punição dos envolvidos no crime de redução de pessoa livre à escravidão. Por outro lado, ao verificar que o decurso do tempo e a dinâmica histórica garantiu a Manoel Congo o reconhecimento da sua condição de africano livre quase dez anos após a chegada ao Brasil meridional e a experiência escrava com distintos senhores, alimenta a possibilidade de que a imprescritibilidade do direito à liberdade pode ter sido invocada em favor de alguns outros daqueles 200 malungos de viagem de Antonio, Mabungo, Rafael e Manoel Congo.

3.3 A BUSCA PELA LIBERDADE DE PEDRO E MOYSÉS: TENTATIVAS DE PRODUÇÃO DE PROVAS POR JORNAIS, TELEGRAMAS E OUTROS ESCRITOS

O decreto de 12 abril de 1832 que regulamentou a lei de 7 de novembro de 1831 previa no art.10 a imprescritibilidade do direito à liberdade do africano importado após a proibição do tráfico de escravos. Ou seja, a qualquer tempo, a demanda acerca da liberdade deveria ser aceita pela justiça e iniciadas as investigações. Em virtude de tal previsão, a lei de 1831 foi invocada para a defesa judicial de africanos submetidos a injusto cativeiro, principalmente entre as décadas de 1870 e 1880 com a força dos ideais abolicionistas.

Aos vinte e dois dias do mês de julho de 1874, quando o Vapor Calderón, saído da província de São Pedro do Rio Grande do Sul, desembarcou no Rio de Janeiro, os pretos Moysés e Pedro já eram esperados pela chefia de polícia da corte[94]. O motivo foi um telegrama enviado ao chefe de polícia do Rio de Janeiro, onde constava:

> Calderão conduziu os pretos Moysés e Pedro, irmãos, para serem vendidos quando nasceram livres, não houve tempo de recorrer à justiça. Antonio Mirabol

Uma vez desembarcados, Pedro, de 19 anos, e Moysés, de 38 anos, foram conduzidos a Secretaria de Polícia da Corte, onde declararam que eram livres em virtude de que sua mãe, a preta Izabel, natural da África, foi "apanhada por contrabando na praia da barra do Rio Grande do Sul por João Valentim Quaresma". O mesmo Quaresma se apresentava como legítimo proprietário de Pedro e seu irmão e era o responsável pelo envio dos mesmos ao Rio de Janeiro. No depoimento apresentado ao desembargador chefe de polícia, Ludgero Gonçalves da Silva, Pedro informa ainda

---

94   APERS, Acervo do Judiciário, Porto Alegre, Processo crime, nº 152, 1874.

> que ele declarante antes de embarcar para esta Corte no vapor que entrou hoje, esteve preso na cadêa da cidade do Rio Grande, em um quarto separado do de seu irmão Moyses, sem poder falar com este, nem com pessoa alguma. Que os indivíduos Serafim, Delfino, Ignacio e Alexandre, moradores na cidade do Rio Grande do Sul, sabem que ele declarante é livre.

O depoimento de Moysés confirma a informação de que ele e seu irmão foram mantidos presos e incomunicáveis antes de embarcar para o Rio de Janeiro e acrescenta dados acerca da condição de liberta de sua mãe Izabel, motivo pelo qual pleiteiam a liberdade:

> Que sua mae que se chama Izabel, já foi vendida há cerca de doze anos, não sabe para aonde. Que sabem do facto de ter sido sua mãe apanhada na praia do Rio Grande do Sul, Hermenegildo de tal, Serafim de tal, Delfino, Antonio Leonardo e Ignacio de tal, todos residentes na cidade do Rio Grande. Disse mais, que sabem também do facto referido, o Doutor Henrique Marques Canarim, e Joaquim da Costa Torres, moradores na cidade do Rio Grande do Sul. Que há cerca de doze anos a mãe dele declarante procurou justificar que era livre, mas esse negocio foi abafado por Joao Valentim que a vendeu depois, como já disse. Que ele declarante antes de embarcar no vapor que o conduzio a esta Corte, esteve preso na cadea da cidade do Rio Grande do Sul, sem que tivesse cometido delicto algum. Que durante o tempo que esteve preso, esteve incomunicável e seguiu para bordo do vapor sem poder falar com pessoa alguma.

Presente na versão apresentada tanto por Pedro como por seu irmão, chama a atenção o fato de que ambos passaram uma estadia na cadeia sem que houvesse qualquer razão criminal que justificasse o encerramento. A prática de recolher os escravizados à prisão a pedidos dos seus senhores, sem razão criminal que justificasse o pleito, era comum ao longo do século XIX e simbolizava a união das elites locais com o aparato policial em prol da atividade de controle social de escravizados e libertos necessária à manutenção da ordem na sociedade escravista.

> Os senhores dispunham ainda do calabouço, prisão pública destinada aos escravos, que nela eram aprisionados por tempo indeterminado, mediante a simples requisição do senhor e sem necessidade de justificação[...] Assim, no Rio de Janeiro, como em outras sociedades escravistas, o controle público completava o controle senhorial dos escravos. (KOERNER, 1999, p. 32).

Diante da denúncia do telegrama e das informações prestadas pelos irmãos acerca da sua condição de pessoas livres e ilegalmente submetidas ao cativeiro, o chefe de polícia da corte entendeu que a competência para averiguar os fatos era do juízo da província de São Pedro do Rio Grande do Sul e disponibilizou quatro praças para que acompanhassem Pedro e Moysés na viagem de regresso ao Sul, com os respectivos passaportes e certidão de matrícula especial que os acompanhavam.

Assim, em 15 de outubro de 1874, Pedro e Moysés foram apresentados à chefia de polícia de Porto Alegre, que os encaminhou para a cidade de Rio Grande por ser aí o lugar de onde saíram a caminho do Rio de Janeiro e onde residiam na qualidade de escravos de João Valentim Quaresma.

A partir das investigações iniciadas na cidade de Rio Grande, é possível conhecer mais sobre a tentativa de Izabel de provar sua liberdade e as manobras de Quaresma para "abafar o negócio". Em 1858, em denúncia apresentada em diário da cidade de Rio Grande, constava que a preta Izabel "era livre por ter sido apanhada na praia por João Valentim Quaresma".

Na época, diante da repercussão gerada pela nota, o delegado de polícia, Antonio Teixeira de Magalhães, iniciou ex-oficio a investigação sobre o caso. Nesta ocasião, foi ouvida a preta Izabel que, segundo o registro das autoridades policiais, "referiu a história conforme lhe tinham ensinado", o que significa que ela confirmou o injusto cativeiro ao qual estava submetida. Izabel declarou, ainda, que, dos seus doze filhos nascidos até aquela data, apenas oito estavam vivos e se encontravam todos em poder de Quaresma.

A luta pela defesa da liberdade de Izabel não prosperou, porque João Valentim Quaresma, conforme consta em cópia do feito anexado aos autos, apresentou prova testemunhal e exibiu título legal pelo qual buscava provar que Izabel, de nação benguela, havia sido comprada em 1º de abril de 1834 do seu antigo proprietário, o senhor Custódio José.

Interessante registrar que, nestes idos de 1858, enquanto durou a investigação criminal acerca do possível cativeiro ilegal de Izabel, a mesma fugiu do depósito em que se encontrava e, uma vez encontrada, foi mantida em prisão até o final do inquérito. Aqui, uma vez mais há registro da ocorrência do uso de cativeiro público com o objetivo de resguardar a propriedade privada, ainda quando a legalidade desta estava em discussão judicial.

É dizer, se em 1874, Pedro e Moysés denunciavam a prisão injusta utilizada como tática para impedir o contato com alguém que pudesse intervir em defesa de suas liberdades, o mesmo ocorreu em 1858 quando, a despeito da suspeição de cativeiro ilegal perpetrado por João Valentim Quaresma, a cadeia foi igualmente utilizada para afastar a africana Izabel do procedimento legal que buscava atestar a sua liberdade.

Assim, das investigações acerca da legalidade da propriedade de Valentim Quaresma sobre Izabel, resultou que, em 4 de fevereiro de 1859, a polícia do Rio Grande concedeu ordem de soltura da mãe de Pedro e Moysés e a reconheceu enquanto propriedade de Quaresma. Porém, poucos dias após o resultado favorável a Antonio Valentim Quaresma, o mesmo tratou de não perder tempo e, "não querendo sujeitar-se a uma nova trama, embarcou-a para o Rio de Janeiro com passaporte legal em 8 de fevereiro de 1859, e nunca mais se falou nisso".

Acerca da prática senhorial de venda interprovincial dos escravos para evitar futuros problemas, Saint-Hilaire, Nicolau Dreys e outros viajantes da época afirmavam que a província de São Pedro do Rio Grande do Sul era um dos destinos mais escolhidos para transferência daqueles rebeldes e insubmissos, por conta do rigor no tratamento que caracterizava o costume senhorial local (ZANETTI, 2002; REIS, 2010).

Porém, após décadas gozando da qualidade de senhor de Izabel, Quaresma, temendo novos pleitos por liberdade, optou pelo caminho inverso da punição relatada pelos viajantes europeus e enviou a mesma para o Rio de Janeiro, independente do tratamento mais cruel ou brando ao qual a mesma seria submetida.

Inegavelmente, a supressão de Izabel da cena local, uma vez que por culpa dela, foi submetido ao vexame de uma investigação criminal, foi um bom negócio para o proprietário, já que uma vez reconhecida a condição escrava de Izabel, seus oito filhos seguiram subjugados ao cativeiro da família Quaresma. E, conforme consta na defesa apresentada por Valentim Quaresma, todos os filhos vivos da africana "tiveram ciência do ocorrido e nunca reclamaram coisa alguma acerca de 16 anos". Porém, algum acontecimento fez com que fossem rompidos os ajustes e concessões que garantia o silêncio dos descendentes de Izabel.

Corria o mês de novembro de 1873 quando uma tragédia se assomou contra a família Quaresma: o preto Frutuoso, escravo da viúva Francisca, filha de Quaresma, após ser alforriado por um proprietário de uma chácara na Mangueira e passar a trabalhar como seu peão, "assassinou com um tiro a seu ex senhor moço Antonio Valentim Quaresma por cujo motivo foi preso, processado e condenado". A partir de tal exemplo de insubmissão, a escravaria de Quaresma tornou-se "altaneira e desobediente" para com seu senhor. E, segundo consta, entre os revoltosos, destacavam-se as condutas de Moyses e Pedro contra o velho e vulnerável Valentim Quaresma. A partir daí, é explicado o motivo pelo qual os dois filhos de Izabel se encontravam presos antes da viagem a bordo do vapor Calderón:

> Quaresma é um velho muito adoentado, maior de 60 anos, encontrando um revolver em poder de Pedro e receando ser vítima, recorreu ao subdelegado da Mangueira, e este vendo a insubordinação dos pretos, pediu duas praças de polícia e por elas remeteu os escravos para a cadeia com as precisas recomendações.

A defesa de Antonio Valentim Quaresma justificou a prisão de Pedro e Moyses, bem como a opção pela venda deles para a corte, pelo grave risco de vida que corria a família do senhor "e não porque os considerasse pessoa livre e pretendesse reduzir os mesmos a escravidão; se assim o fosse, há quinze anos, quando mandou vender a mãe, teria vendido também os filhos". Bem, acerca do último argumento utilizado como prova da boa intenção de Quaresma para com os filhos de Izabel, conforme já salientamos anteriormente, se ele não vendeu os filhos junto com a mãe, era por considerar que mais vantagens traria continuar com a jovem prole da africana em cativeiro, ao seu dispor.

Insistindo no argumento do perigo representado por Pedro e seu irmão, o advogado de Quaresma justificou que todas as ações executadas pelo ancião foram guiadas por puro desespero de um chefe de família que buscava proteger seus herdeiros da sanha dos escravizados. Nesta linha, reitera que toda a movimentação em torno do retorno dos irmãos para a província de São Pedro do Rio Grande do Sul "faz suspeitar de algum novo atentado". Razão pela qual, sejam Pedro e Moyses "livres ou escravos", é possível ver "neles os futuros assassinos da família Quaresma e quem sabe de mais alguém".

Sem entrar no mérito da procedência de tais argumentos, não se pode perder de vista que, após o assassinato do filho de Quaresma e a suposta insurreição dos escravizados que se encontravam em sua propriedade, o velho Valentim por óbvio não poderia experimentar da idílica relação senhor-escravo descrita por José Bonifácio D'Andrada e Silva:

> Sejamos pois justos e benéficos, senhores, e sentiremos dentro d'alma, que não há situação mais deliciosa, que a de hum senhor carinhoso e humano, que vive sem medo e contente no meio de seus escravos,

como no meio da sua própria família, que admira e goza do fervor com que esses desgraçados adivinham seus desejos, e obedecem à seus mandos [...](ANDRADA E SILVA, 1825, p. 25).

Em sentido muito contrário ao da cena sugerida pela descrição acima, parece plausível a hipótese de que a família Quaresma era vulnerável a alguma trama secreta, seja ela com o fim de eliminar a vida de algum dos membros do núcleo familiar, seja apenas com o objetivo de subtrair a propriedade escrava ilegal da qual gozavam. Isto porque, ao ser notificado para prestar depoimentos acerca dos motivos que o levaram a denunciar a situação de Pedro e Moysés através do telegrama enviado para a chefia de polícia do Rio de Janeiro, o "pardinho" Antonio Mirabal, de idade entre 26 e 27 anos, afirmou que, embora conste seu nome como o autor do referido telegrama, ele não foi o autor do texto, tampouco emprestou sua assinatura para dito fim. Acerca da condição dos africanos, respondeu que "sempre ouviu dizer que eram escravos, e que, quando os conheceu em casa do Sr. João Valentim, já eles eram homens e não conheceu a mãe deles".

A negativa de Antonio Mirabal quanto à autoria do telegrama que apresentava a denúncia responsável por iniciar a investigação criminal aqui analisada desencadeou uma série de medidas com vistas a deslindar o mistério acerca de quem seria o autor da mensagem. Logo após o auto de perguntas feito a Antonio Mirabal, ele foi conduzido pela polícia de Rio Grande ao escriturário da estação com o objetivo de confrontar sua assinatura com aquela constante do telegrama. Porém, tal verificação não foi possível, porque o original do telegrama "já havia sido remetido para a Inglaterra". De qualquer forma, a viagem não foi de todo perdida, visto que os funcionários do local informaram que nunca antes haviam posto os olhos naquele pardo e não se lembravam de tê-lo visto enviando telegrama algum.

A possibilidade de que a assinatura de Mirabal foi utilizada contra sua autorização levantava suspeitas de que havia um terceiro interessado na liberdade de Pedro e Moyses. Ou, como consta no processo, "um protetor incógnito". É certo que uma denúncia anônima traz algo de pitoresco ao caso, no entanto não se pode desconsiderar o temor das sanções e a possibilidade de vingança que experimentava o autor de qualquer denúncia que simbolizasse a possibilidade de perda da propriedade e a condenação criminal do denunciado.

No caso específico da denúncia acerca da propriedade escrava ilegal, não é raro encontrar, em periódicos oitocentistas, diversas denúncias anônimas, como esta que transcrevemos a título de exemplo:

> A suas excelências o senhor conselheiro presidente da província e doutor chefe de polícia
> [...] Bernardino José Pereira, morador do distrito de paz das Carvoeiras daquele munício [Maragogipe] o tem [o menor Claudiano, liberto] debaixo da escravidão, como seu, a pretexto de ter tomado por dívida ou comprado ao ex-senhor, e de modo a ter tentado a venda d'ele a outros, o que não tem conseguido pela voz pública a respeito de que é um crime previsto no artigo 179 do código criminal.; estando o liberto escravizado em poder do acima indicado Bernardino José Pereira há dois anos mais ou menos, e empregado em seus serviços, como dizem: fácil é a suas excelências verificarem os fatos e fazerem que as leis se observem, salvando o desvalido liberto, tendo atenção para não darem [ilegível] e bem executadas serem suas ordens, a ser o escravizador especial amigo, compadre e protegido do atual delegado de polícia daquele termo.
> Um compadecido do escravo (Gazeta da Bahia, 27 de novembro de 1881).

Anúncios e denúncias anônimas como o transcrito acima podem ter inúmeras motivações, seja o real interesse em escancarar uma situação ilegal, seja apenas alegar fatos, falsos ou verdadeiros, capazes de comprometer a honra e a reputação dos acusados.

No caso de Quaresma, lembremos que, em 1858, a ferramenta da denúncia acerca do cativeiro injusto de Izabel foi utilizada e, ainda que não tenha sido com o intuito de fazer prova da ilegalidade da propriedade de Quaresma, foi capaz de abalar o curso normal da vida do acusado, culminando com a venda da africana para o Rio de Janeiro.

No caso da intriga telegráfica formulada acerca da condição de Moyses e Pedro, o mistério da autoria da mensagem foi esclarecido por meio de ofício enviado pelo delegado de Rio Grande, Dr. Boaventura da Costa Torres, ao superintendente da Linha Telegráfica The Western Brasilian Telegraph Company Limited, no qual se solicitava o nome da "pessoa que levou à Estação o telegrama, por quem pagou e se o próprio portador foi o mesmo que o assinou".

A resposta do superintendente da empresa telegráfica chegou à delegacia em 20 de agosto de 1874 e, por estar redigida em inglês, precisou ser traduzida por tradutor juramentado. Assim, no dia seguinte, após a chegada do telegrama, uma vez traduzido seu conteúdo, foi dado a todos conhecer o seu teor:

Ilmo Sr. Boaventura da Costa Torres
Delegado de Polícia
Em resposta a comunicação que junto enviou, peço para declarar que o mandante da mensagem, cuja copia VSa recebeu do Rio de Janeiro, não é o homem que VSa ontem apresentou n'este escriptorio de nome Antonio Mirabal. Lembro-me bem e os caxeiros d'este escriptorio que **a mensagem em questão foi escripta e paga por Joaquim da Costa Torres, o qual assignou a mensagem, com o nome de Antonio Mirabal.** "Assignado". W. Carlisle [ilegível]. Superintendente de Western Brazilian Telegraph Company. (grifo nosso).

Enfim, foi descoberto que o autor do telegrama, que tentou camuflar sua identidade através do uso da assinatura de Antonio Mirabal, foi Joaquim da Costa Torres. Mas qual seria seu interesse com tal iniciativa? Até então, o nome do referido Joaquim havia surgido nos autos apenas uma vez, ao ser mencionado como testemunha no depoimento dado por Moyses ao chefe de polícia do Rio de Janeiro. No entanto, buscando compreender melhor o fio da meada que ligava Joaquim Torres e Valentim Quaresma, o delegado de polícia do Rio Grande obteve, junto ao Tabelião Judicial, a cópia de um registro onde constava que o preto liberto, Frutuoso, aquele responsável por assassinar o filho de João Valentim Quaresma e a partir daí servir de mau exemplo e incitar a revolta em Pedro e Moyses, havia celebrado "um contrato de serviços pelo espaço de quatro anos a Joaquim da Costa Torres, para indenização da quantia por este suprida para sua liberdade". O mesmo Costa Torres que possibilitou a quantia necessária para a alforria de Frutuoso agora tenta, sabe-se lá por que, fomentar a liberdade de Pedro e Moyses e diminuir em mais dois escravizados a lista de propriedades da família Quaresma.

Uma vez descoberta a autoria da mensagem responsável por alertar as autoridades policiais da Corte sobre a ilegalidade da condição escrava a que estavam submetidos Pedro e seu irmão, o delegado de polícia de Rio Grande, tenente-coronel Boaventura da Costa Torres, encaminhou os autos, em 24 de outubro de 1874, ao primeiro suplente do subdelegado de polícia, Antonio Dias Vianna, para proceder ao inquérito necessário. Para a continuidade do procedimento judicial que se seguiria a partir daí, João Valentim Quaresma passou a ser representado por um procurador, o bacharel Emilio Valentim Barrios.

Interessante observar que, no primeiro documento que consta nos autos com a assinatura de Barrios, ele informa que, como advogado de Quaresma, quer ser admitido a todos os termos do inquérito que tem por objetivo "averiguar a condição dos crioulos Pedro e Moysés". A partir desta formulação, o perspicaz bacharel, formado em 1861 pela Faculdade de Direito de São Paulo, sutilmente passa a apresentar seu cliente não como acusado que era do crime de reduzir à escravidão duas pessoas livres, mas como o proprietário de boa-fé de dois escravizados sobre os quais pairava a dúvida acerca do *status* civil. Em outras palavras, escamoteando o conteúdo criminal da investigação, ele se assume como procurador de Quaresma em uma contenda judicial que é retratada como de conteúdo meramente cível[95].

O primeiro ato do subdelegado Vianna, em 31 de outubro de 1874, consistiu em nomear o cidadão Francisco Vieira da Costa como curador dos irmãos Pedro e Moyses. Depois expediu citação para que o representante da promotoria pública tivesse ciência dos autos e acompanhasse a oitiva das primeiras testemunhas em audiência marcada para o dia 4 de novembro.

A primeira testemunha ouvida foi João Valentim Quaresma, sobrinho do acusado, razão pela qual o subdelegado fez constar que seu depoimento seria considerado como "simples informante". O segundo depoimento foi de Hermenegildo Pereira Pacheco, de 74 anos, empregado na alfândega, que respondeu ter sido o responsável por emprestar o dinheiro a Quaresma para ser possível o pagamento da sisa decorrente da compra de Izabel. Segundo essa testemunha, a compra da mãe de Pedro e Moyses foi legal e ocorreu entre 1833 e1834. Ele declarou também que, no momento da compra, ela já falava o idioma corrente.

Como se verifica das informações acima, as duas primeiras testemunhas guardavam laços de parentesco e amizade com o acusado. Por óbvio, não apresentaram qualquer informação capaz de levantar suspeita acerca da possibilidade de escravização ilegal. A situação se alterou a partir do depoimento da terceira testemunha, o lavrador Felisberto Antonio de Lima, de 72 anos, que, apesar de compadre do acusado, não mediu o alcance de suas palavras e afirmou que Valentim Quaresma comprou a africana Izabel "a um capitão de barco cujo nome não sabe, isto há mais de quarenta anos". Eis aqui a primeira informação capaz de sugerir que a compra de Izabel ocorreu em circunstâncias muito características àquelas relativas ao desembarque e venda ilegal de africanos traficados após a lei de 1831.

---

95   Para uma análise das discussões jurídicas acerca das características de processos cíveis e criminais envolvendo a liberdade escrava, ver o capítulo 2.

Vale notar que, entre as pessoas mencionadas por Pedro e Moysés como sabedores da condição de livre de Izabel, foram notificados para depor, entre outros, o "doutor Henrique Bernardino Canarim e o tenente Joaquim de Castro Torres". É importante ressaltar que o até pouco tempo incógnito autor do telegrama era um tenente e que Canarim, a outra testemunha, era um político local que em 1862 havia sido juiz municipal da primeira vara de Rio Grande.

O fato de os dois serem citados pelos filhos de Izabel evidenciou a existência não apenas de uma rede de relações sociais ao redor dos irmãos, mas também serviu de indício das rusgas existentes entre os membros locais da elite política, judiciária e policial. Se assim não fosse, é provável que o tenente Costa Torres não tivesse o que temer e pudesse contar abertamente com aliados para a busca da justiça no caso dos filhos de Izabel. Entretanto, inobstante a referida notificação, Canarim e Torres nunca compareceram para depor sobre o caso.

Fato até então inédito foi apresentado pela testemunha Delfim Francisco de Lima, de profissão criador e de idade 64 anos. Apesar de afirmar que desconhecia a filiação de Pedro e Moyses, contou que, pelos idos de 1830 ou 1831, houve um desembarque de escravizados na costa do Albardão. E relatou ter conhecimento de tal fato porque,

> [...] tendo ele testemunha com outros ido viajar a costa e que sobre a tarde viram uma escuna aproximar-se da Costa fazendo um signal durante a noite com um lampião e na manhã seguinte encontraram uma balsa na praia não aparecendo já a escuna mas encontrando sobre os [ilegível] signais de passos os perderão sobre o [ilegível] o que comunicarão a autoridade.

Diante da referida informação, o promotor perguntou a Delfim Francisco de Lima se, na qualidade de antigo morador da Mangueira, assim como Valentim Quaresma, "ouviu alguma vez dizer que João Valentim Quaresma tinha em seu poder uma pessoa livre como escrava proveniente desse desembarque". No entanto, a testemunha respondeu não ter qualquer conhecimento sobre tal fato.

Ao utilizar a expressão "pessoa livre mantida como escrava", o discurso do promotor deixa transparecer qual o objeto da investigação em curso, ao contrário da postura anteriormente analisada do advogado de Quaresma.

Serafim dos Anjos França, de 58 anos, oficial de justiça e antigo capataz de Valentim Quaresma, foi o único que afirmou que Pedro e Moyses eram livres em virtude de que Izabel havia sido comprada na praia, por contrabando, pelo próprio Valentim Quaresma. Disse, ainda, que, apesar de ter presenciado o desembarque ilegal de Izabel, não relatou o fato às autoridades porque "não tinha nada com isso".

Considerando sua condição de capataz do responsável por adquirir a propriedade ilegal, Quaresma, nos parece que não carecem de maiores explicações as circunstâncias pelas quais Serafim não se animou a denunciar o que diz ter visto naquele anoitecer a beira mar. Por fim, a testemunha confirmou que havia vivido "amancebado com a preta Izabel" e que, segundo ela dizia, seus filhos Eleutherio e Firmina eram fruto dessa relação, mas que ele "não afiança" tal informação.

Logo após o depoimento de Serafim, o advogado da parte acusada protestou contra o relato da testemunha, alegando ser de todo falso. Ponderou que no passado o oficial de justiça foi escravo de Quaresma e que, inventando tais histórias, não fez mais que advogar em favor de seus filhos que são cativos. Alegou, ainda, que o depoimento estava em contradição com "testemunhas maiores de toda exceção" e que França era "inimigo capital de toda a família Quaresma", estando atualmente mancomunado com Joaquim da Costa Torres "que move guerra aos Quaresma".

Após a oitiva de todas as testemunhas, foram realizados os interrogatórios com Pedro e Moyses, que confirmaram tudo o que já haviam dito no Rio de Janeiro e acrescentaram que se declaravam livres porque "sua mãe muitas vezes lhes disse que era livre por ter sido achada na praia".

Ambos foram perguntados pelo subdelegado Vianna acerca do motivo pelo qual nunca haviam buscado tornar firme a liberdade ventilada por Izabel, e responderam que temiam que a queixa acerca da liberdade ensejasse a venda para outra província, a exemplo do que aconteceu com a mãe.

O relato de Moyses sobre as memórias da história contada por sua mãe "desde que ele tinha dez anos" apresenta mais peças ao quebra-cabeças das circunstâncias do desembarque de Izabel. O filho lembra que a mãe sempre dizia ter vindo à praia numa jangada, junto com outros pretos, e ter sido trazida na "garoupa do cavalo pela tardinha" pelo velho João Quaresma, pai do acusado.

Sobre os outros pretos que se encontravam na jangada, sabe que Eleutherio e Manduca, outros moradores da Mangueira, acompanhavam João Quaresma e "tiraram cada um o seu negro". E que esta mesma história sempre lhe foi contada por alguns homens residentes na Mangueira como

Sr. Major Sebastião de Carvalho, Alexandre de Lima, Delfim de Lima, Antonio Leonardo, Ignacio da Rocha Lima que foram os policiais que na ocasião acompanharão o inspetor de quarteirão Major Sebastião Xavier de Carvalho para verificar o desembarque de negros que deo nas "espinhas" que nada encontrando seguirão pelo rastro até o capão do Tigre e regressarão por ter já a gente embarcado na ponta da Mangueira de noite com destino a terra tudo isto ele sabe porque as já referidas pessoas por diversas vezes lhe tinham contado.

Se é verdade que os indivíduos citados eram os responsáveis por contar tais histórias aos filhos de Izabel e alimentar sua esperança pela vida em liberdade, foram em sentido diferente as histórias que alguns deles contaram em presença das autoridades responsáveis por investigar a acusação contra Valentim Quaresma.

Como vimos, Delfim de Lima confirmou o desembarque, mas negou conhecer qualquer relação entre o fato e a chegada de Izabel naquelas terras. Do mesmo modo, o Major Sebastião de Carvalho, se sabia da liberdade de Izabel, mentiu ao testemunhar que "há anos veio ela a esta cidade reclamar ou queixar-se que era livre e que nada conseguiu e voltou pra casa como escrava" e que o único desembarque de embarcação vinda de África que ouviu dizer foi um que teve lugar na costa do Chuí, "porém muitos anos antes da resolução [de proibição ao tráfico em 1831]".

Sem mais, o subdelegado de polícia concluiu o inquérito que procedeu "por ordem superior" acerca do crime de redução de pessoa livre à escravidão contra João Valentim Quaresma e, em 12 de novembro de 1874, fez remessa dos autos ao doutor juiz municipal, com ordem de que fosse comunicado por ofício ao Dr. juiz de Direito. A última informação que consta dos autos é a decisão pelo arquivamento do inquérito em virtude da ausência de provas para configurar o crime de reduzir pessoa livre à escravidão:

> Não resultando do presente inquérito indícios de culpabilidade contra o sr. Dos escravos Pedro e Moyses pelo crime de reduzir a escravidão pessoa livre, porquanto o depoimento singular da testemunha Serafim dos Anjos França não pode por si só originar a crença da existência do arguido crime, contrariado como se achou pelas outras peças do inquérito [ilegível] sendo procedente a suspeição alegada contra a dita testemunha pelo interesse particular que tem na decisão do feito sua qualidade de pai dos irmãos [ilegível] dos escravos em questão, a quem aproveitaria a decisão favorável a liberdade dos escravos: mando que seja arquivado em cartório o presente inquérito para a todo tempo [ilegível] E para esse fim seja distribuído. Rio Grande, 5 de dezembro de 1874.

Ao fim, estamos diante de mais um caso onde as investigações acerca da ocorrência do crime de reduzir pessoa livre à escravidão eram encerradas sem que fossem reconhecidos pelas autoridades judiciais elementos suficientes para justificar o indiciamento dos culpados por esse crime.

Pedro e Moyses, como outras pessoas que buscavam a saída do cativeiro, possuíam em defesa da liberdade apenas a palavra dita. Palavras ditas por eles, por Izabel e por pessoas que viviam na mesma região onde moravam e afirmavam conhecer a história deles. Talvez a única prova bastante a favor de Pedro e seu irmão houvesse sido a existência de palavras reduzidas a termo em um papel, capazes de atestar a condição de africana livre de sua mãe. Porém, quais as possibilidades de existência de documento que atestasse a situação criminosa referente à redução à escravidão de uma africana livre?

Quanto às testemunhas indicadas pelos supostos libertandos, como cobrar-lhes coerência para romper com o "sistema moral de troca de favores" (KOERNER, 2010, p.48) que regulava as relações sociais da época e assumir a defesa dos africanos mediante a denúncia da ilegalidade da propriedade de um vizinho?

Para ilustrar o sistema de favores, apresentamos o conto O Caso da Vara, de Machado de Assis (1891), em que o autor conta que o jovem Damião resolveu visitar Sinhá Rita para pedir ajuda para livrar-se da obrigação de ser seminarista. Estando na casa daquela que poderia lhe ajudar, Damião presencia conflito entre ela e a escravinha Lucrécia. Apesar de internamente compadecido com a injusta situação de Lucrécia, prefere não correr o risco de intervir pela menina e abalar a sua "reputação" com Sinhá Rita:

> A vara estava à cabeceira da marquesa, do outro lado da sala. Sinhá Rita, não querendo soltar a pequena, bradou ao seminarista.
> — Sr. Damião, dê-me aquela vara, faz favor?
> Damião ficou frio... Cruel instante! Uma nuvem passou-lhe pelos olhos. Sim, tinha jurado apadrinhar a pequena, que por causa dele, atrasara o trabalho...
> — Dê-me a vara, Sr. Damião!
> Damião chegou a caminhar na direção da marquesa. A negrinha pediu-lhe então por tudo o que houvesse mais sagrado, pela mãe, pelo pai, por Nosso Senhor...
> — Me acuda, meu sinhô moço!

Sinhá Rita, com a cara em fogo e os olhos esbugalhados, instava pela vara, sem largar a negrinha, agora presa de um acesso de tosse. Damião sentiu-se compungido; mas ele precisava tanto sair do seminário! Chegou à marquesa, pegou na vara e entregou-a a Sinhá Rita. (ASSIS, 1891)

No caso de Pedro e Moyses, diante de indícios de que os depoimentos das testemunhas acerca dos fatos que eventualmente sabiam – sendo interessante observar que foram indicados os mesmos cidadãos tanto por Izabel, como por seus filhos – foram silenciados perante as autoridades, é possível apontar a influência do pacto de troca de favores, referido por Andrei Koerner e Machado de Assis, ou daquilo que Luiz Felipe de Alencastro (2010) classificou como "conluio geral" como provocadores desse silêncio. Isso mostra, também, como esta realidade era refletida no judiciário. Afinal, findos os autos e as investigações, seguia a história e a normalidade da vida social dos envolvidos nos casos investigados.

3.4 PECULIARIDADES DO CRIME DE REDUZIR PESSOA LIVRE À ESCRAVIDÃO AO SUL DA FRONTEIRA: OS CASOS DE CARLOS (1859) E AGOSTINHO (1874)

Maria Angélica Zubarán afirma que, no Rio Grande do Sul, a lei de 7 de novembro de 1831 assumiu algumas especificidades. Uma delas seria decorrente do fato de que, por conta da proximidade com os países da bacia do Prata, onde a escravidão já havia sido abolida, os ventos em favor da liberdade cruzavam as fronteiras e, já na década de sessenta, favoreciam que a lei de proibição ao tráfico fosse invocada por advogados gaúchos que continuamente tratavam de reinterpretá-la e fortalecer seu conteúdo e sua aplicação.

Em sentido semelhante, Keila Grinberg acrescenta que outra característica intrínseca à posição geográfica e fronteiriça do Rio Grande do Sul foi a possibilidade de trânsito de escravizados e senhores para ambos os lados da fronteira e as consequências jurídicas daí decorrentes. Grinberg verifica que muitas das ações cíveis de liberdade ajuizadas naquela parte do Brasil meridional apresentavam como fundamento jurídico o fato de ter o escravo cruzado a fronteira do solo livre e retornado ao Brasil, o que lhes garantiria a liberdade (GRINBERG, 2004; 2007). Isso porque, se o Brasil é conhecido como a última nação da América abolir legalmente a escravidão, na República Oriental do Uruguai o uso da mão de obra escrava estava proibido desde 1842.

Nessas circunstâncias de vai e vem pelas fronteiras, a liberdade do indivíduo escravizado poderia ser garantida pela inovação do artigo 1º da lei de 1831 que previa a liberdade de todos aqueles escravizados que adentrassem o Brasil a partir daquela data. Entretanto, para além do simples transitar[96] pela zona fronteiriça de escravizados que acompanhavam seus senhores ou mesmo eram enviados ao território vizinho para realização de tarefas temporárias, muitos foram os casos de fugas de escravizados brasileiros em busca da vida em liberdade garantida pela lei da República Oriental do Uruguai. Em sentido inverso, verificam-se diversas ocorrências de negros livres e libertos nascidos no Uruguai que são capturados e trazidos para a antiga colônia da América portuguesa para o trabalho escravo na agricultura, comércio e, muitas vezes, para serviços militares.

A escravização ilegal de pessoas livres naturais da República Oriental do Uruguai trazidas para o Sul do Brasil é intensificada a partir da década de 1850, após a proibição definitiva do comércio de africanos para o país (GRINBERG, 2013, p.23). A recorrência da prática criminosa perpetrada por indivíduos brasileiros contra cidadãos uruguaios era objeto de acirramento das relações diplomáticas entre as duas nações e, no plano político, promoviam debates e disputas acerca do direito de soberania e autonomia das nações. Entre os mecanismos político-diplomáticos impulsionados por esse quadro está a celebração do Tratado de Extradição de Escravos, ratificado em 1851 entre Brasil e Uruguai.

Em importante pesquisa acerca da escravização ilegal na fronteira Brasil-Uruguai, Rafael Peter de Lima (2010) destaca que esse tratado, integrante de uma série de tratados celebrados entre as nações, foi objeto de discussão e de distintas interpretações ao longo de toda a década de 1850, sendo quase sempre interpretado de maneira mais favorável aos interesses do Império escravista e, em especial, aos anseios da oligarquia latifundiária rio-grandense.

Ainda segundo o autor, a questão da autonomia dos agentes diplomáticos uruguaios na atuação em defesa da extradição de cidadãos livres criminosamente levados para o cativeiro do lado brasileiro era um dos temas que gerava mais discussão, posto que, na aplicação do tratado, o Brasil acabava por impor diversas restrições às atividades dos agentes diplomáticos do país vizinho.

---

96 Keila Grinberg informa que, muito antes da abolição da escravatura na República Oriental do Uruguai, "há evidências de que, desde meados do século XVIII, escravos cruzassem as fronteiras entre os impérios português e espanhol em ambas as direções" (GRINBERG, 2013, p.15).

No relatório da província de São Pedro do Rio Grande do Sul apresentado pelo presidente provincial João Lins Vieira Cansansão de Sinimbú, em 1854, ele informava que o corpo policial responsável pela vigilância da fronteira com a República Oriental do Uruguai se encontrava em regular atividade e que algumas autoridades do país vizinho, "dando lata aplicação ao princípio da extradição estipulado no tratado de 12 de outubro de 1851", contrariavam as disposições do tratado, que determinava que os requerimentos deveriam ser feitos de governo a governo e comumente se dirigirem "diretamente aos comandantes das nossas fronteiras, solicitando a entrega dos criminosos e desertores". E aclarava:

> A reclamação direta só é admissível para a devolução dos escravos, que, sem ciência e contra a vontade de seus senhores saem do Império e vão asilar-se no território da Republica; só nesse caso único, é que pelos parágrafos 2° e 3° do artigo 6° se permite que a reclamação seja feita por esta Presidência, ou pelo próprio senhor do escravo, ou seu agente competentemente autorizado perante a autoridade do Estado Oriental, em cujo distrito ou jurisdição se achar o escravo. (Relatório do Presidente da Província de São Pedro do Rio Grande do Sul, 1854, p.09).

Porém, logo após apresentar a explicitação do procedimento legal que deve ser seguido nos casos de crimes de fronteiras envolvendo a propriedade escrava, o presidente da província de São Pedro do Rio Grande do Sul informa que, a despeito de toda previsão legal, a gravidade de alguns casos obriga a ação direta da polícia da fronteira. Prática esta que, apesar de não ser autorizada "pelo direito convencional, é poderosamente justificada pelos princípios de justiça universal e altamente reclamada pelo interesse da boa polícia da fronteira". Nas entrelinhas do relato oficial, encontra-se o reconhecimento de que o não cumprimento de previsões legais pode ser justificado pelo interesse e arbítrio daqueles responsáveis pelo policiamento dos limites territoriais do Império.

A historiografia que trata do tema é unânime no entendimento de que, em verdade, a atuação do Império brasileiro tinha por escopo a garantia da defesa da propriedade escrava, ao arrepio da legislação uruguaia sobre a liberdade: "[...] a princípio, a raiz dessa cumplicidade servia para garantir a impunidade e manter a escravidão em nosso território... O que se desejava era deixar uma válvula de escape para os abusos e fraudes dos traficantes rio grandenses"[97](ACEVEDO, 1993, p.668-9 *apud* LIMA,

---

97 " [...] a raíz de esse acatamiento al principio, se agregaba para eludir su cumplimiento y mantener la esclavitud en nuestro território... Lo que se

2010, p.72, tradução nossa). Além da prática de furto, sequestro e arrebatamento de pessoas livres de cor para serem escravizadas no sul do Brasil, é verificada a categoria daqueles que são ludibriados e seduzidos a cruzar a fronteira mediante alguma falsa promessa de melhoria de vida. Ao que parece, isso foi o que ocorreu com o crioulo Carlos, nascido na República Oriental do Uruguai e posteriormente encaminhado ao Rio Grande do Sul[98].

A denúncia acerca do cativeiro ilegal ao qual Carlos estava submetido foi realizada pelo vice-consul do Estado Oriental do Uruguai através de ofício enviado ao delegado de polícia da cidade de Rio Grande, em 26 de novembro de 1857. Apesar de ter nascido no lado uruguaio, Carlos veio para o Brasil ainda pequeno e foi criado por Ismael Lima que até aquela data o mantinha reduzido à escravidão e alegava ser seu legítimo senhor. Após uma tentativa de fuga, Carlos foi recolhido à cadeia no dia 23 de dezembro de 1856 "por segurança a requisição de seu senhor".

Considerando o espaço de quase um ano entre a prisão de Carlos e o ofício do vice-consul, é provável que somente após este largo intervalo temporal algum compadecido dele tenha conseguido levar ao conhecimento das autoridades uruguaias a situação na qual ele se encontrava. Natural da Vila de Rocha, no Estado Oriental, Carlos, o campeiro de cor preta clara e cabelos carapinhados, precisou aguardar algum tempo para que a provocação da autoridade diplomática uruguaia fizesse com que a polícia de Rio Grande iniciasse as investigações acerca da sua situação.

Em 15 de fevereiro de 1858, o escrivão fez constar que o delegado Antonio Bonone Martins Vianna, até então responsável pela abertura do inquérito, havia entregue os autos sem despacho algum. Muito depois disso, no dia 2 de junho de 1858, os autos foram conclusos ao 3º suplente do delegado de polícia, o tenente-coronel Vicente Manoel, que determinou a notificação do Sr. vice-consul do Estado do Uruguai para apresentar o rol das testemunhas e a certidão de batismo que provasse o local de nascimento de Carlos.

Desta vez, porém, como se não bastasse a morosidade da atuação da polícia, a marcha pela defesa judicial da liberdade de Carlos encontrou como obstáculo o falecimento do vice-consul, o Dr. Pablo de Goycoechea.

---

deseaba era dejar uma válvula de escape a los abusos y fraudes de los traficantes riograndenses" (ACEVEDO, 1993, p.668-9 *apud* LIMA, 2010, p.72).

98   APERS, Acervo do Judiciário, Porto Alegre, Processo crime, nº 433, 1859.

Em virtude de tal fatalidade, pareceu por bem ao delegado designar João G. Costa para curador do crioulo. Por fim, em 15 de julho de 1858, foi ordenada a saída de Carlos da prisão para o depósito em mãos do curador designado. Enquanto eram tomadas as providências necessárias para a elucidação do caso, o escrivão fez constar nos autos que o indivíduo de nome Ismael, acusado de reduzir pessoa livre à escravidão, se achava fora da província, não sendo possível notificá-lo acerca do inquérito em curso.

Interessante observar que, desde o falecimento do vice-consul responsável por encaminhar a denúncia acerca da situação de Carlos, o caso seguia sem qualquer representação de autoridade diplomática responsável por acompanhar os casos envolvendo cidadãos da República Oriental do Uruguai. A nacionalidade de Carlos foi confirmada por diversas testemunhas notificadas a depor, entre elas um italiano, de 58 anos, Carlos Arduim, que afirmou ter batizado Carlos na Vila de Rocha, no Uruguai, no ano de 1837 ou 1838.

Apesar de atestar que Carlos era cidadão uruguaio, Arduim não sabia explicar como ele veio para a província de São Pedro do Rio Grande do Sul. No entanto, afirmou que suspeitava que um tal Pisani, que havia sido criado na casa da Sra. Dionisia Sapaton, junto com Carlos, poderia ter sido o responsável por trazê-lo enganado para esta província onde seria escravizado.

Após as poucas informações testemunhais, o caso seguiu esquecido e sem avanços até que, em março de 1859, chegou à delegacia do Rio Grande um novo ofício do vice-consul da República Oriental do Uruguai com a cópia legalizada da certidão de batismo do "negro Carlos Maria" e requeria que, " em virtude desse documento que prova completamente sua nacionalidade, seja declarado imediatamente no pleno gozo de sua liberdade, deixando seu direito a salvo para demandar quem impediu essa mesma liberdade, por todos os danos e prejuízos causados." (tradução nossa)[99]. A intervenção das autoridades uruguaias e a apresentação da prova de nacionalidade de Carlos parecem ter sido decisivas para a conclusão do inquérito e envio dos autos para o juiz municipal:

---

99 "en virtude de ese documento que prueba completamente su nacionalidad, sea declarado immediatamente en el pleno goce de su libertad, dejandole su derecho á salvo para reclamar del detentador de esa misma libertad, por todos los daños y perjuicios que se le han originado".

> Estando assinada a condição do crioulo Carlos Maria, e resultando ser ele com efeito livre, remeta-se esta indagação a que ex-oficio se precedeu ao Sr. Dor. Juiz Municipal da 2.a Vara para aí produzir os efeitos de direito.
> Rio Grande, 31 de março de 1859.
> Antonio Teixeira de Magalhães

O valor probatório da certidão de batismo católico para a resolução de conflitos envolvendo a legalidade da propriedade escrava ensejou a prática de falsificação dos referidos registros. Um caso de crime de falsificação de documentos que envolvia a Igreja Católica e os contrabandistas do Rio Grande do Sul em prol da construção de papéis de escravidão forjados para garantir a aparência de legalidade de crianças livres de cor, nascidas na República Oriental do Uruguai e batizadas como escravas no Brasil. A denúncia, por óbvio, foi feita por um Ministro da República Oriental do Uruguai e constava no relatório do presidente da província de São Pedro do Rio Grande do Sul do ano de 1854:

> Um abuso de que antes não tinha tido conhecimento a Presidência, foi também denunciado pelo Ministro Oriental ao governo Imperial em nota de 6 de Julho, e por este comunicado à Presidência por Aviso expedido pela Repartição dos Negócios Estrangeiros em 8 do mesmo mês sob número 29, relativamente ao batismo administrado pelos Párocos da nossa fronteira às crianças de cor nascidas no território Oriental, as quais sendo livres pelo nascimento, por este ato ficam consideradas escravas; abuso tanto mais abominável, quando é praticado sob o manto sagrado da Religião; fazendo do Sacramento que dá o ser de graça e o caráter de cristão, um instrumento de crime e atentado contra a liberdade. (Relatório do Presidente da Província de São Pedro do Rio Grande do Sul, 1854, p. 09).

A perplexidade demonstrada pelo presidente da província ao constatar a corrupção e criminalidade dos membros da sagrada religião revela muito acerca dos papéis sociais naquela sociedade. A importância política e a credibilidade da Igreja Católica podem ser verificadas em todas as fontes utilizadas nesta pesquisa a partir da prática judicial do juramento com a mão direita sobre os santos evangelhos, exigida como prova de veracidade do testemunho daqueles chamados a participar do processo.

A partir de registros como a denúncia do crime contra as crianças pretas do Uruguai, nos permitimos duvidar do poder intimidatório que a ameaça de punição da justiça divina fosse capaz de exercer nos indivíduos do

Brasil oitocentista quando estavam em jogo relações terrenas com reais possibilidades de consequências sociais e econômicas.

E, ainda mais, quando o eventual pecado passível de sanção celestial estava relacionado a manobras capazes de manter em cativeiro aqueles que a justiça cristã permitia que pagassem a sua selvageria com a desumana submissão ao cativeiro. Eis aqui um traço constitutivo da nossa cultura jurídica nacional, o qual a professora Gislene Neder (2000) considera como permanências culturais de longa duração.

Além de servir de evidência acerca da autoridade probatória conferida pela justiça aos papéis produzidos pela Igreja Católica, o caso do crime de reduzir crianças livres à escravidão através de certidões de batismo forjadas indica que a ocorrência dessa e de outras práticas de escravização ilegal encontravam um terreno fértil para seu sucesso.

Se crimes perfeitos não deixam suspeitos, a falsificação de papéis de escravidão garantia a roupagem legal necessária para afastar os indícios de ilegalidade, ao tempo que a presunção de escravidão que orientava a sociedade terminava por servir como prova inconteste da condição daquelas pessoas que, apesar de livres, possuíam a indelével cor da escravidão.

Sidney Chalhoub (2009, p.29) destaca que a hipótese de um indivíduo *"parecer escravo* era conceito subjetivo, muitíssimo amplo". Através de pesquisas com ofícios e outras correspondências oficiais entre membros da política imperial, o autor encontra, no ano de 1835, o entendimento do então chefe de polícia Eusébio de Queiróz no sentido de que, existindo o costume dos negros fugidos afirmarem-se libertos, parecia mais razoável que as autoridades presumissem, num primeiro momento, a condição escrava das pessoas de cor sobre as quais pairava dúvida acerca do estatuto jurídico. Esta diretiva das autoridades policiais do Império pautou o tratamento da população negra durante largo período.

> Nas décadas seguintes, a polícia da Corte agiu a partir do pressuposto "queiroziano" de que todo preto – e muitos pardos também – era escravo até prova em contrário. Desnecessário dizer o quanto tal pressuposto se mostrou instrumental na consolidação do direito senhorial costumeiro de escravizar ao arrepio da lei: os comandados de Eusébio não viam os escravos "boçais" que andavam às pencas pelas ruas da cidade; quando os apreendiam, por suspeição de que estivessem fugidos, raramente investigavam a sua possível importação ilegal. (CHALHOUB, 2009, p.29).

Convencido pela certidão de batismo oferecida pelo representante consular, o juiz municipal passou mandado de manutenção de liberdade em favor de Carlos e, apesar de procurado, Ismael Soares de Lima nunca foi encontrado.

Inobstante a suspeita de ser autor do crime de reduzir à escravidão o cidadão uruguaio, a ação do delegado de polícia diante da revelia de Ismael revela muita prudência e preocupação com aquele que poderia estar sendo ilegalmente destituído da sua propriedade. Isso porque, longe de empreender uma espécie de busca ao acusado e suspeito do crime previsto no artigo 179 do Código Criminal do Império, a mesma decisão judicial que passa o mandado de manutenção de liberdade em favor de Carlos estabelece "prazo de três meses a Ismael Soares de Lima para propor a sua ação contra o mesmo".

Uma vez cumprido o prazo e diante do silêncio de Ismael, é empreendida outra tentativa sem sucesso de intimá-lo acerca da sentença passada. Assim, estando o processo incompleto, tudo o que sabemos é que Carlos estava no gozo da sua liberdade e livre daquele que foi responsável pela sua injusta escravidão.

A história de Carlos é apenas uma entre as muitas que envolvem cidadãos uruguaios vítimas do crime de reduzir pessoa livre à escravidão no Rio Grande. Ao lado das cidades de Pelotas e Jaguarão, a cidade de Rio Grande integrou a rota preferencial desta modalidade de tráfico que, de tão rentável, animou a organização de bandos especializados no rapto de pessoas livres de cor no Estado Oriental (LIMA, 2010).

Apesar do peculiar desfecho do caso de Carlos no que diz respeito a não condenação de Ismael Lima nos termos do artigo 179 do Código Criminal, Rafael Peter de Lima (2010) e Jonatas Marques Caratti (2010) apresentam diversos registros de criminalização dos responsáveis pelo crime de reduzir pessoa livre à escravidão em casos envolvendo a fronteira com o Uruguai.

A partir da análise de tais informações, levantamos a hipótese de que os casos que envolviam cidadãos do Estado Oriental apresentavam alguns elementos que poderia favorecer a defesa judicial da liberdade dos indivíduos ilegalmente escravizados. A principal nota distintiva de tais casos consistia na participação das autoridades diplomáticas ao longo do trâmite do caso na justiça brasileira.

Diferente dos outros casos analisados neste trabalho, onde a vítima do crime de redução à escravidão contava com o apoio de promotores ou advogados da cena local, a presença de representantes do Estado Oriental, naqueles casos de fronteira que chegavam ao conhecimento da justiça, simbolizaria uma maior possibilidade de autonomia nos julgamentos e fiscalização para o efetivo andamento do caso de acordo com as previsões legais[100].

Ao lado das demandas judiciais de cidadãos uruguaios ilegalmente reduzidos à escravidão no Brasil, encontramos os casos de escravos brasileiros que, após cruzar a fronteira e experimentar a experiência do solo livre no Estado Oriental, buscavam a justiça pleiteando o direito à liberdade.

Keila Grinberg (2007 p.11) destaca que a noção de solo livre no século XIX estava diretamente relacionada às disputas entre soberanias nacionais, num contexto em que os Estados estavam afirmando suas independências e as legislações internas acerca da escravidão. A autora destaca, ainda, que, desde o século XVI, o princípio da liberdade evocado a partir da noção de solo livre foi aduzido para defesa de cativos, sendo utilizado ao longo do século XVIII como fundamento de defesa dos escravos das colônias britânicas do Caribe para a Inglaterra (GRINBERG, 2007, p.11).

Encontramos a noção do direito à liberdade em decorrência da estadia em solo livre uruguaio, no caso de Agostinho. Em 2 de novembro de 1874, na vila de Santa Vitória de Palmas, o preto Agostinho, de aproximadamente 50 anos, natural deste mesmo município e filho da parda Joana, expôs ao segundo juiz de paz, o capitão Jacinto de Brum Amaral, as razões pelas quais se considerava liberto.

Durante muitos anos, Agostinho viveu na República Oriental do Uruguai junto ao seu senhor, João Antônio Teixeira. Ocorre que, quando foi abolida a escravidão naquela república, Teixeira continuou mantendo Agostinho sob cativeiro durante quatro anos, mais ou menos, até a noite em que o trouxe clandestinamente para a província do Sul do Brasil "tratando logo de o vender a Manoel Teixeira"[101].

---

100 Dentre as evidências que sustentam esta hipótese que levantamos, merece destaque a análise que Rafael Peter de Lima (2010, p.140) apresenta acerca casos de conflitos entre autoridades brasileiras e uruguaias que demonstram a possibilidade de alcance das medidas assumidas pelos representantes do Estado Oriental para assegurar a defesa de indivíduos ilegalmente escravizados. No mesmo sentido também indicamos a leitura do trabalho de Rachel da Silveira Caé (2012), em especial sua análise sobre a destacada atuação de Andrés Lamas na busca por efetivar a defesa da liberdade dos cidadãos uruguaios.

101 APERS, Acervo do Judiciário, Porto Alegre, Processo crime, nº 153, 1874.

Não se sabe quanto tempo depois Manoel Teixeira realizou negócio com Claudianna, passando Agostinho a ser escravo desta, como até então era reconhecido. Na condição de propriedade da suposta senhora, ele afirmou que constantemente ia ao Estado Oriental para prestar serviços.

Por tudo isso, Antonio Hygino Freitas, que assinou a petição inicial a rogo de Agostinho, afirmou que estava consolidada a jurisprudência no sentido de "que são mais fortes e de maior consideração as razões que há em favor da liberdade que em favor do cativeiro" e solicitou que fosse o peticionário encaminhado para o justo depósito.

Entre todos os casos analisados nesta pesquisa, é esta a primeira vez em que há menção ao conteúdo do parágrafo 4º, título 11, do livro 4º das Ordenações Filipinas. Apesar da singularidade da ocorrência na presente pesquisa, Keila Grinberg (2006) demonstra que tal argumento de presunção de liberdade foi utilizado em muitas ações de liberdade ao longo de todo o século XIX.

Ainda entre os fundamentos jurídicos alegados em favor de Agostinho, além do artigo 1º da lei de 7 de novembro de 1831, que garantia o reconhecimento da liberdade a todos os indivíduos que houvessem saído e voltado para fora do Império, estava o Aviso 188, de 20 de maio de 1856, que reconhecia a validade da lei de 1831 ao estabelecer que, caso um escravo residente em país estrangeiro entrasse no Império, ele não poderia ser conservado em estado de escravidão.

O mesmo Aviso proibia que a justiça ordenasse a entrega do escravo ao seu senhor. Diante da previsão que beneficiava mais a liberdade do cativo que o direito de propriedade do senhor, o Aviso foi visto com maus olhos pelas elites locais e gerou grande repercussão e debate acerca dos riscos que a sua fiel execução geraria para os proprietários:

> Mesmo tendo o presidente da província do Rio Grande do Sul protestado, mesmo tendo o parecer sido retificado por dois outros, de 20 de julho e 10 de setembro de 1858 [que enfatizavam, novamente, a necessidade de devolução dos escravos fugidos], o Aviso de 1856 passou a figurar em todos os pedidos de libertação de escravos que cruzaram a fronteira com o Uruguai. (GRINBERG, 2009, p.07).

No caso da denúncia apresentada acerca da liberdade de Agostinho, a fonte encontra-se incompleta e não é possível verificar se os argumentos jurídicos utilizados foram suficientes para possibilitar o reconhecimento do seu *status* de liberto. No entanto, a última informação disponível nos permite verificar que ao menos o resguardo formal do seu direito à liberdade e a saída temporária do suposto cativeiro ilegal foi concedida pelo juiz capitão Amaral que, em 12 de novembro de 1874, determinou o depósito de Agostinho em poder de Marcelino de Oliveira, nos termos do artigo 10, do decreto de 12 de abril de 1832.

Os casos estudados ajudam a compreender a diversidade de possibilidades de caracterização do crime de reduzir pessoa livre à escravidão no Rio Grande do Sul. As circunstâncias de tráfico transatlântico ou tráfico terrestre através das fronteiras fornecem as distintas características daqueles casos relativos à prática deste crime que lograram chegar ao conhecimento da justiça.

Verificamos que, nos casos envolvendo a fronteira com o Estado Oriental, foram desenvolvidas também formas de garantir o sucesso do crime através do afastamento dos indivíduos do seu meio social e país de origem, o que dificultava ainda mais as possibilidades de ação da família ou da rede social.

A possibilidade de forjar papéis de batismo capazes de legitimar a escravidão ilegal a partir da mudança do país de nascimento evidencia uma vez mais como eram precárias não só a fiscalização das fronteiras oitocentistas, mas também a liberdade das pessoas de cor na região platina.

CONSIDERAÇÕES FINAIS

> — Não, meu soldado. Não é assim que funciona, meu amigo. Se alguém lhe dá liberdade, não é liberdade. Liberdade é algo que você conquista sozinho.
>
> (José Dolores, personagem do filme
> Queimada!, 1969, de Gillo Pontecorvo)

Longe de pretender esgotar a complexidade do tema, esta pesquisa buscou contribuir com a produção crítica da história do Direito no Brasil através do estudo das ocorrências do crime de redução de pessoa livre à escravidão no Rio Grande do Sul entre os anos de 1835 e 1874.

Por meio da pesquisa com fontes primárias relativas à ocorrência do crime previsto no artigo 179 do Código Criminal do Império do Brasil, foi possível analisar o funcionamento da justiça nas demandas que envolviam disputas entre a propriedade ilegal de pessoas livres e o direito a liberdade.

A escravização ilegal de pessoas livres ou a reescravização de libertos foi prática recorrente ao longo do período escravista brasileiro e evidencia a precariedade da liberdade experimentada pela população de cor. Tal realidade demonstra a impossibilidade de a estrutura judicial estabelecer a tênue fronteira entre escravidão e liberdade e, consequentemente, garantir a efetividade da legislação surgida com o intuito de disciplinar juridicamente a propriedade escrava.

Foi possível verificar, por meio da leitura de vários autores que tratam do tema, o contexto social e jurídico que ensejou a inclusão do crime de escravização ilegal no Código Criminal do Império do Brasil. Neste ponto, levantamos a hipótese de que a criminalização da referida conduta tenha sido influenciada por projeto de código penal para o Estado da Luisiana, elaborado por Edward Livingston.

Os estudos de casos realizados a partir das fontes primárias disponíveis no Arquivo Público do Estado do Rio Grande do Sul tornaram possível realizar uma espécie de micro-história do funcionamento da justiça local, ao longo de distintos momentos históricos da escravidão no Brasil, frente à ocorrência do crime estudado. Também pudemos analisar a inclusão do Rio Grande do Sul na rota do tráfico ilegal de escravos, a despeito dos esforços da administração imperial e local para coibir tal contrabando.

Em alguns casos, a exemplo do processo em defesa da liberdade de Porfíria, Lino e Leopoldino, verificamos como as decisões judiciais refletiam as relações de poder local, chegando mesmo a dispensar a apresentação de documentos probatórios legalmente produzidos, bem como não questionar a apresentação de provas com evidências de falsidade.

O problema da manutenção dos africanos livres em condição de cativeiro ilegal e a não responsabilização penal daqueles responsáveis por tal conduta servem para demonstrar a vigência da prerrogativa senhorial em alegar a propriedade de seres humanos, sem receios da possibilidade de punição.

O caso de Pedro e Moysés, filhos da africana Izabel, supostamente importada após a lei de 1831, dá conta da herança do cativeiro ilegal experimentado por gerações e o consequente aumento das dificuldades encontradas para defesa daqueles que, como provas em seu favor, possuíam apenas memórias afetivas e histórias transmitidas pela tradição oral que de nada serviam frente ao legalismo de conveniência que orientava a atuação da estrutura judicial.

A peculiaridade da posição geográfica do Rio Grande do Sul colaborou também para a existência de situações de redução ao cativeiro envolvendo pessoas de cor do Estado Oriental do Uruguai ilegalmente escravizadas em solo brasileiro, bem como casos envolvendo escravos brasileiros aos quais não era reconhecida a devida liberdade em virtude da permanência em solo livre.

Verificamos um casuísmo na atuação da justiça frente aos casos de reduzir pessoa livre à escravidão no Rio Grande do Sul. O único comportamento que pode ser verificado em todos os casos é a pouca exigência de documentos legais aos acusados capazes de demonstrar a inocência frente à acusação baseada no artigo 179 do Código Criminal. Ainda assim, em nenhum dos casos, houve pessoas efetivamente condenadas pela autoria do crime, sendo todas as acusações indeferidas diante da ausência de provas suficientes. A partir desse quadro, é possível constatar a impunidade dos supostos responsáveis por tal crime.

Digno de nota também é o fato de que, em sua totalidade, as vítimas do crime em análise eram pessoas de cor, o que evidencia que, independentemente do texto legal ser amplo e fazer referência à "pessoa livre", tal prática não era perpetrada contra pessoas brancas daquela sociedade, ou tais casos não foram levados ao judiciário. Diante de tal resultado, corrobora-se a hipótese de que o sistema penal do Brasil oitocentista era marcado por um controle social que se inter-relacionava com a realidade de discriminação racial inerente à escravidão.

No entanto, cabe reconhecer que o panorama aqui descrito é restrito a uma microrrealidade e não pode servir para a generalização de que a impunidade dos culpados era uma constante para os casos de redução de pessoas livres no Rio Grande do Sul ou no Brasil como um todo.

Como exemplo de tal raciocínio, destacamos evidência de punição do crime na sociedade rio-grandense encontrada no Relatório da Província do Rio Grande do Sul, apresentado em 5 de novembro de 1858, pelo presidente Silva Ferraz. Na página 62 do relatório, o presidente elenca a população carcerária distribuída na cadeia de Rio Grande:

> Pelos motivos de sua reclusão se classificam os presos existentes pelos seguintes crimes a saber: de parricídio 1, de infanticídio 1, de homicídio 94, de tentativa de morte 1, de roubo 18, de ferimentos 10, de fuga de presos 2, de reduzir pessoa livre à escravidão 1, de desvio de dinheiros públicos 1, de policiais e diversos 8, total 137. (Relatório do Presidente de Província do Rio Grande do Sul, 1858, p.62).

Também como ilustração das distintas dinâmicas e contextos nos quais o crime se verifica, trouxemos alguns registros que demonstraram que, em momento histórico um pouco posterior ao período pesquisado, possivelmente por força da campanha abolicionista, a ocorrência do crime de reduzir pessoa livre à escravidão passou a ser mais noticiado e merecer maior atenção da população e das autoridades. Assim, na edição do Jornal A Federação, que circulou em Porto Alegre no dia 18 de setembro de 1886, na seção Secretaria da Policia, consta a seguinte notícia:

> De S. José do Norte, comunicam ao Echo do Sul do Rio Grande que vai apresentar-se à justiça o réu José Bernardino, que há tempos disparou alguns tiros de revólver sobre o Dr. Rutiro Tavares de Almeida, então juiz municipal do termo daquela vila e que processava o mesmo indivíduo pelo crime de reduzir pessoa livre à escravidão. (A Federação, 18 de setembro de 1886).

Ainda no Jornal A Federação, desta vez em 10 de novembro de 1884, na Seção Livre, encontramos outra interessante passagem que evidencia a ocorrência do crime objeto de estudo desta pesquisa. Ao que parece, em resposta a uma injusta provocação que lhe foi feita no Jornal do Comércio do dia anterior, o Dr. Francisco Isidoro Duarte, entre inúmeras considerações acerca do que foi dito, esclarece:

[...] é possível que o Sr. Leão também se refira ao indivíduo, que reduziu à escravidão pessoa livre, conforme o processo parado na relação do distrito, onde também existe parado um outro processo contra o mesmo indivíduo por ofensas praticadas em público [...].
(A Federação, 10 de novembro de 1884).

A partir da transcrição dos trechos de notícias acima, é possível perceber que a prática de reduzir pessoa livre à escravidão tinha sua ilegalidade publicamente conhecida pela sociedade da época. Da análise da primeira notícia apresentada, é interessante observar que o excelentíssimo Dr. juiz Rutiro Tavares de Almeida foi agredido em virtude do mero fato de cumprir o dever legal e conduzir processo criminal contra réu que incorreu no crime previsto no artigo 179 do Código Criminal do Império. Assim, não parece descabido imaginar o temor que tomava os juízes da época perante a decisão de levar adiante um processo criminal relativo à redução de pessoas livres à escravidão.

Ainda que esta notícia constitua um fato único e isolado que, por um golpe de sorte do destino, emergiu em meio às pesquisas que realizamos, não se pode ignorar que, na sociedade da época, as relações econômicas, políticas e sociais eram marcadas pela escravidão e seus atores, exigindo dos magistrados grande dose de coragem na hora de conduzir ao banco dos réus algum senhor da época em benefício da liberdade de pretos, que, seguramente, possuíam menos influência local do que os referidos acusados.

Do mesmo modo, na carta dirigida ao jornal A Federação no ano de 1884, apesar de nos fugirem as minúcias do entrevero entre o Dr. Francisco Isidoro Duarte e o Sr. Leão, é relatada a existência de um processo relativo ao crime de reduzir pessoa livre à escravidão que se encontrava parado. Aqui, ainda que não tenhamos acesso aos motivos jurídicos, sociais, políticos e econômicos pelos quais um indivíduo figura como acusado em dois processos que se encontram parados num mesmo tribunal, desta informação decorre a conclusão lógica de que a vítima do processo segue com a sua vida em liberdade abortada, estando, não se sabe há quanto tempo, à espera da decisão judicial de um processo parado.

Apesar da existência de casos de processos estagnados e de juízes retaliados pelo julgamento do crime de reduzir pessoa livre à escravidão, a historicidade inerente ao Direito garante um complexo universo de histórias de demandas jurídicas relativas ao crime de escravização ilegal de pessoas livres que ainda está por ser revelado por futuras, instigantes e necessárias pesquisas acerca deste tema ainda pouco explorado. A nossa contribuição reside em evidenciar a dimensão do desafio presente que se apresenta para a pesquisa crítica da história do Direito no Brasil.

DOCUMENTOS PESQUISADOS

A FEDERAÇÃO. Porto Alegre. 7 fev. 1907.

A FEDERAÇÃO. Porto Alegre. 18 set.1886.

A FEDERAÇÃO. Porto Alegre. 10 nov.1884.

ANDRADA E SILVA, José Bonifácio de. *Representação à Assembleia Geral Constituinte e Legislativa do Império do Brasil sobre a escravatura*. Paris: Typographia de Firmin Didot, 1825.

CAROATÁ, José Prospero J. (Org.). *Apanhamento de Decisões sobre Questões de Liberdade, publicadas em diversos periódicos forenses da Corte*. Bahia: Typ. de Camillo de Lellis Masson & C., 1867.

CORREIO MERCANTIL. Rio de Janeiro. 19 set. 1857.

DIÁRIO DO RIO DE JANEIRO. Rio de Janeiro. 5 set.1852.

GAZETA DA BAHIA.Salvador. 27 nov.1881.

GRITO NACIONAL. Rio de Janeiro. 6 mar.1856.LIVINGSTON, Edward. *A System of Penal Law prepared for the State of Louisiana*. New-Orleans: printed by James Kay, Jun and Co, 1833.

MALHEIROS, Agostinho Marques Perdigão. *A escravidão no Brasil*: ensaio histórico, jurídico social. Rio de Janeiro: Typografia Nacional, 1867. Fonte digital, transcrição para eBook: eBooks Brasil, 2008.

MELLO FREIRE, Pascoal José de. *Instituições de Direito Civil português*: tanto público como particular. 1779.

O NOVO FAROL PAULISTANO. São Paulo. 7 nov.1831.

O NOVO FAROL PAULISTANO. São Paulo. 16 nov.1831.

O NOVO FAROL PAULISTANO. São Paulo. 28 dez.1832.

PAULA PESSOA, Vicente Alves de. *Código Criminal do Império do Brasil*. Rio de Janeiro, Typografia Perseverança, 1877.

PEREIRA DA SILVA, João Manoel. *Inglaterra e Brasil* – tráfego de escravos. Por um Deputado. Rio de Janeiro: Typographia do Brasil, de J.J. da Rocha, 1845.

PEREIRA, José Clemente. *Projecto do Código Criminal do Império do Brasil*. Biblioteca Nacional; seção de obras raras. Ex. 2: C, 05, 11. Projeto Especial (2001). Localização do microfilme: OR 00168[2].

PROJECTO DE CÓDIGO CRIMINAL apresentado em sessão de 4 de maio de 1827 pelo deputado Bernardo Pereira de Vasconcellos. Anais do Parlamento Brasileiro – Câmara dos Srs. Deputados, 1829, tomo 3º, Rio de Janeiro: Typographia de Hypolito José Pinto & Cia, 1877.

RELATÓRIOS. Ministério de Justiça. 1830-1880.

RELATÓRIOS. Presidentes da Província de São Pedro do Rio Grande do Sul. 1830-1880.

REVISTA O DIREITO, v. 4, Rio de Janeiro?, 14 abr.1874.

RIBAS, Antonio Joaquim. *Da Posse e das Acções Possessorias*. Rio de Janeiro: H. Laemm 1883.

RIO GRANDE DO SUL. Secretaria da Administração e dos Recursos Humanos. Arquivo Público. Acervo do Judiciário. Fundo 004: Comarca de Porto Alegre. *Processo crime nº 152*. Porto Alegre: Arquivo Público, 1874.

RIO GRANDE DO SUL. Secretaria da Administração e dos Recursos Humanos. Arquivo Público. Acervo do Judiciário. Fundo 004: Comarca de Porto Alegre. *Processo crime nº 153*. Porto Alegre: Arquivo Público, 1874.

RIO GRANDE DO SUL. Secretaria da Administração e dos Recursos Humanos. Arquivo Público. Acervo do Judiciário. Fundo 004: Comarca de Porto Alegre. *Processo crime nº 433*. Porto Alegre: Arquivo Público, 1859.

RIO GRANDE DO SUL. Secretaria da Administração e dos Recursos Humanos. Arquivo Público. Acervo do Judiciário. Fundo 004: Comarca de Porto Alegre. *Processo crime nº 3.511*. Porto Alegre: Arquivo Público, 1852.

RIO GRANDE DO SUL. Secretaria da Administração e dos Recursos Humanos. Arquivo Público. Acervo do Judiciário. Fundo 004: Comarca de Porto Alegre. *Processo crime nº 3.618*. Porto Alegre: Arquivo Público, 1849.

RIO GRANDE DO SUL. Secretaria da Administração e dos Recursos Humanos. Arquivo Público. Acervo do Judiciário. Fundo 004: Comarca de Porto Alegre. *Processo crime nº 509*. Porto Alegre: Arquivo Público, 1835.

SOUZA, Braz Florentino Henriques de. *Código criminal do Imperio do Brasil*: annotado com as leis, decretos, avisos e portarias publicados desde a sua data até o presente, e que explicação, revogação ou alteração algumas das suas disposições, ou com ellas tem immediata connexão: acompanhado de um appendice contendo a integra das leis addicionaes ao mesmo codigo, posteriormente promulgadas. Recife: Typographia Universal, 1858.

REFERÊNCIAS

ABREU, Martha C. et al. *Inventário dos Lugares de Memória do Tráfico Atlântico de Escravos e da História dos Africanos Escravizados no Brasil.* Rio de Janeiro: UFF, 2013.

ALENCASTRO, Luiz Felipe de. *Parecer sobre a Arguição de Descumprimento de Preceito Fundamental*, ADPF/186, apresentada ao Supremo Tribunal Federal. Disponível em:<http://www.stf.jus.br/arquivo/cms/processoAudienciaPublicaAcaoAfirmativa/anexo/stf_alencastro_definitivo_audiencia_publica.doc>. Acesso em: 15 maio 2013.

ALENCASTRO, Luiz Felipe. Vida Privada e Ordem Privada no Império. *In*: ALENCASTRO, Luiz Felipe de; NOVAIS, Fernando A. (Orgs.). História da Vida privada no Brasil - Império: a corte e a modernidade nacional. v. 2. São Paulo: Companhia das Letras, 1998.

ANDRADE, Vera Regina Pereira de. *Cidadania*: do direito aos direitos humanos. São Paulo: Acadêmica, 1993.

ARAÚJO, Thiago Leitão de. A persistência da escravidão: população, economia e o tráfico interprovincial (Província de São Pedro, segunda metade do século XIX). *Escravidão e Liberdade*. Temas, problemas e perspectivas de análise. *In*: XAVIER, Regina Célia Lima. (Org.). São Paulo: Alameda, 2012. p. 229-254.

ASSIS, Machado de. *Pai contra mãe*. Disponível em: <http://www.bibvirt.futuro.usp.br>. Acesso em: 10 maio 2014.

ASSIS, Machado de. *O caso da vara*. Disponível em: <http://www.biblio.com.br/defaultz.asp?link=http://www.biblio.com.br/conteudo/MachadodeAssis/ocasodavara.htm>. Acesso em: 10 maio 2014.

AZEVEDO, Elciene. *O direito dos escravos*: lutas jurídicas e abolicionismo na província de São Paulo. Campinas: Editora da Unicamp, 2010.

AZEVEDO, Elciene; CANO, Jefferson; CHALHOUB, Sidney; CUNHA, Maria Clementina Pereira. *Trabalhadores na cidade*. Cotidiano e cultura no Rio de Janeiro e São Paulo, século XIX e XX. Campinas: Editora da Unicamp, 2009.

BARBOSA, Samuel Rodrigues. Quando historiadores advogam. Uso partidário do passado na história de Pedro Taques. *In*: RIBEIRO, Gladys Sabina et al. (Org.). *Diálogos entre direito e história*: cidadania e justiça. Niterói: EdUFF, 2009.

BATISTA, Nilo. Pena pública e escravismo. *In* NEDER, Gizlene (Org.). *História & direito*: jogos de encontros e transdisciplinaridade. Rio de Janeiro: Revan, 2007.

CAÉ, Rachel da Silveira. *Escravidão e liberdade na construção do Estado Oriental do Uruguai (1830-1860)*. Dissertação (Mestrado em História) - Programa de Pós-Graduação em História, Universidade Federal do Estado do Rio de Janeiro, Rio de Janeiro, 2012.

CARATTI, Jônatas Marques. *O solo da liberdade*: as trajetórias da preta Faustina e do pardo Anacleto pela fronteira rio-grandense em tempos do processo abolicionista uruguaio (1842-1846). Dissertação (Mestrado em História) - Programa de Pós-Graduação em História, Universidade do Vale do Rio dos Sinos, São Leopoldo, 2010.

CARDOSO, Fernando Henrique. *Capitalismo e escravidão no Brasil Meridional*: o negro na sociedade escravocrata no Rio Grande do Sul. Rio de Janeiro: Paz e Terra, 1991.

CARNEIRO DA CUNHA, Manuela. *Negros, estrangeiros*: os escravos libertos e sua volta à África. São Paulo: Brasiliense, 1985.

CARVALHO, José Murilo de. *A construção da ordem*: a elite política imperial. Teatro de Sombras: a política imperial. Rio de Janeiro: Civilização Brasileira, 2003.

CARVALHO, Marcus J. M. O desembarque nas praias: o funcionamento do tráfico de escravos depois de 1831. *Revista de História*, USP, São Paulo, v. 167, 2012, p. 223-260.

CHALHOUB, Sidney. *Visões da Liberdade*: uma história das últimas décadas da escravidão na Corte. São Paulo: Companhia das Letras, 1990.

CHALHOUB, Sidney. *Machado de Assis, historiador*. São Paulo: Companhia das Letras, 2003.

CHALHOUB, Sidney. Costumes Senhoriais. Escravização ilegal e precarização da liberdade no Brasil Império. In: AZEVEDO, Elciene et al. *Trabalhadores na cidade*. Cotidiano e cultura no Rio de Janeiro e em São Paulo, séculos XIX e XX. Campinas: Editora Unicamp, 2009. p. 23-62.

CHALHOUB, Sidney. *A força da escravidão*. Ilegalidade e costume no Brasil Oitocentista. São Paulo: Companhia das Letras, 2012.

CODA, Alexandra. Os eleitos da justiça: a atuação dos juízes de paz em Porto Alegre (1827-1841). Dissertação (Mestrado em História) - Programa de Pós-Graduação em História, Universidade Federal do Rio Grande do Sul, Porto Alegre, 2012.

COTA, Luiz Gustavo Santos. Não só "para inglês ver": justiça, escravidão e abolicionismo em Minas Gerais. *Revista História Social*, Campinas, n. 21, 2011, p.65-92.

COSTA, Vivian Chieregati. *Codificação e formação do Estado-nacional brasileiro*: o Código Criminal de 1830 e a positivação das leis no pós-Independência. Dissertação (Mestrado em Culturas e Identidades Brasileiras) - Instituto de Estudos Brasileiros, Universidade de São Paulo, São Paulo, 2013.

COSTA E SILVA, Alberto da. *Um rio chamado Atlântico*: a África no Brasil e o Brasil na África. Rio de Janeiro: UFRJ, 2003.

DANTAS, Monica Duarte. Dos Statutes ao Código Brasileiro de 1830: o levante de escravos como crime de insurreição. *Revista do Instituto Histórico e Geographico Brazileiro*, v. 452, 2011, p. 273-309.

DUARTE, Evandro C. Piza; BERTULIO, Dora L. L.; SILVA, Paulo V. B. *Cotas Raciais no Ensino Superior:* Entre o Jurídico e o Político. Curitiba: Juruá, 2008.

FEATHERSTONE, Mike. Arquivando culturas. In: FURNIVAL, A. C.; COSTA, L.S.F. (Eds.). *Informação e Conhecimento:* aproximando áreas de saber. São Carlos: EDUFSCar, 2005.

FRANCO, Sérgio da Costa. Gaúchos na Academia de Direito de São Paulo no Século XIX. *Revista Justiça & História,* n. 1, v. 1, 2001, p. 01-20.

FREITAS, Judy Bieber. Slavery and social life: in the attempts to reduce free people to slavery in the Sertão Mineiro, Brazil, 1850-1871. *Journal of Latin American Studies,* n. 3, v. 26, 1994, p.597-619.

FREYRE, Gilberto. *O Escravo nos Anúncios de Jornais Brasileiros do Século XIX.* São Paulo: Global, 2010.

GLOSSÁRIO JURÍDICO. Disponível em: <http://www.stf.jus.br/portal/glossario/verVerbete.asp?letra=A&id=533>. Acesso em: 3 fev. 2014.

GRINBERG, Keila. *Liberata:* a lei da ambiguidade. As ações de liberdade da Corte de Apelação do Rio de Janeiro, século XIX. Rio de Janeiro: Relume Dumará, 1994.

GRINBERG, Keila. *O Fiador dos Brasileiros:* cidadania, escravidão e direito civil no tempo de Antonio Pereira Rebouças. Rio de Janeiro: Civilização Brasileira, 2002.

GRINBERG, Keila. Re-escravização, direitos e justiças no Brasil do século XIX. In: LARA, Silvia Hunold; MENDONÇA, Joseli Maria Nunes (Org.). *Direitos e Justiças:* ensaios de história social. Campinas: Editora da Unicamp, 2006. p.101-128.

GRINBERG, Keila. A Fronteira da Escravidão: a noção de solo livre na margem sul do Império brasileiro. In: III Encontro de Escravidão e Liberdade no Brasil Meridional, 2007, Florianópolis. *Caderno de Resumos - III Encontro de Escravidão e Liberdade no Brasil Meridional.* São Leopoldo: Oikos, v. 1,2007, p. 89-89.

GRINBERG, Keila (Org.). *As fronteiras da escravidão e da liberdade no sul da América.* Rio de Janeiro: Sette Letras, 2013

GUIMARÃES, Bernardo. *A Escrava Isaura.* Disponível em: <http://www.culturatura.com.br/obras/A%20Escrava%20Isaura.pdf>. Acesso em: 10 dez. 2013.

HESPANHA, Antonio Manuel. *A história do direito na história social.* Lisboa: Livros Horizontes, 1978.

HESPANHA, António Manuel. *Cultura jurídica européia.* Síntese de um milênio. Florianópolis: Fundação Boiteux, 2009.

KARASCH, Mary C. *Vida dos Escravos no Rio de Janeiro, 1808-1850.* São Paulo: Companhia das Letras, 2000.

KOERNER, Andrei. **Habeas-Corpus,** Prática Judicial e Controle Social no Brasil *(1841-1920).* São Paulo: IBCCrim, 1999.

KOERNER, Andrei. *Judiciário e Cidadania na Constituição da República Brasileira (1841-1920)*. Curitiba: Juruá, 2010.

LARA, Silvia Hunold. No jogo das cores: liberdade e racialização das relações sociais na América portuguesa setecentista. In: XAVIER, Regina (Org.). *Escravidão e Liberdade*: temas, problemas e perspectivas de análise. São Paulo: Alameda, 2012. p.69-94.

LIMA, Henrique Espada. Sob o domínio da precariedade: Escravidão e os significados da liberdade de trabalho no século XIX. *Topoi*, Rio de Janeiro, v. 6, n.11, 2005, p. 289-325.

LIMA, Rafael Peter. *A nefanda pirataria de carne humana*: escravizações ilegais e relações políticas na fronteira do Brasil meridional (1851-1868). Dissertação (Mestrado em História) - Programa de Pós-Graduação em História, Universidade Federal do Rio Grande do Sul, Porto Alegre, 2010.

LOPES, José Reinaldo de Lima. *O direito na história*: lições introdutórias. São Paulo: Editora Atlas, 2009.

MAESTRI, Mário. *O Escravo no Rio Grande do Sul*. A charqueada e a gênese do escravismo gaúcho. Porto Alegre: EDUCS, 1984.

MALERBA, Jurandir. *Os Brancos da Lei*: liberalismo, escravidão e mentalidade patriarcal no Império do Brasil. Paraná: Editora da Universidade Estadual de Maringá, 1994.

MAMIGONIAN, Beatriz G. Revisitando o problema da 'transição para o trabalho livre': a experiência dos africanos livres. *In*: MANOLO, Florentino (Org.). *Tráfico, cativeiro e liberdade* (Rio de Janeiro, séculos XVII-XIX). Rio de Janeiro: Editora Civilização Brasileira, 2005. p. 389-417.

MAMIGONIAN, Beatriz G. O direito de ser africano livre: os escravos e as interpretações da lei de 1831. *In*: LARA, Silvia Hunold;MENDONÇA, Joseli Maria Nunes. (Org.). *Direitos e Justiças no Brasil*: Ensaios de História Social. Campinas: Editora da Unicamp, 2006.p. 129-160.

MAMIGONIAN, Beatriz; GRINBERG, Keila. Dossiê – "Para inglês ver"? Revisitando a lei de 1831. *Estudos Afro-Asiáticos*, ano 29, jan-dez, 2007.

MAMIGONIAN, Beatriz. O Estado Nacional e a instabilidade da Propriedade Escrava: A Lei de 1831 e a matrícula dos escravos de 1872. *Almanack*, n.2, nov., 2011.

MAMIGONIAN, Beatriz G.; VIDAL, Joseane Z. (Orgs.). *História diversa*: africanos e afrodescendentes na Ilha de Santa Catarina. Florianópolis: Editora da UFSC, 2013.

MARQUÉZ, Gabriel Garcia. *Do amor e outros demônios*. Disponível em: < http://abelhas.pt/EBooks.PT.gratis/Livros_Variados/Do+Amor+e+Outros+Demonios+-+Gabriel+Garcia+Marquez,6207729.pdf>. Acesso em: 15 maio 2014.

MOLET, Claudia Daiane G. Entre o trabalho e a correção: escravas e forras na cidade do Rio Grande (segunda metade do século XIX). *Revista Aedos*, v.2, n.4, 2009.

MONTEIRO, Charles. *Porto Alegre e suas escritas*: história e memórias da cidade. Porto Alegre: EdiPUCRS, 2006.

MORAES, Evaristo. *A campanha abolicionista* (1879-1888). Brasília: Editora Universidade de Brasília, 1986.

MOREIRA, Paulo R. S. *Os Cativos e os Homens de Bem* - Experiências Negras no Espaço urbano. Porto Alegre: Edições EST, 2003.

NARVÁEZ HERNÁNDEZ, José Ramón;BOTERO BERNAL, Andrés (Coords.). *Cuentos sobre el Derecho* (livro digital). Buenos Aires: LibrosEnRed, 2010.

NEQUETE, Lenine. *Escravos & Magistrados no Segundo Reinado*. Brasília: Fundação Petrônio Portella, 1988a.

NEQUETE, Lenine. *O Escravo na Jurisprudência Brasileira*: magistratura e ideologia no Segundo Reinado. Porto Alegre: Tribunal de Justiça do Rio Grande do Sul, 1988b.

NABUCO, Joaquim. *O abolicionismo*. Petrópolis: Vozes, 1988.

NEDER, Gizlene. *Iluminismo Jurídico-Penal Luso-Brasileiro*: Obediência e Submissão. Rio de Janeiro: Freitas Bastos, 2000.

OLIVEIRA, Maria Luiza Ferreira de. *Sobreviver à pressão escapando ao controle*: embates em torno da 'lei do cativeiro' (a Guerra dos Marimbondos em Pernambuco, 1851-1852). Almanack Braziliense, n. 3, 2006, p. 47-55.

OLIVEIRA, Vinicius Pereira de. *De Manoel Congo a Manoel de Paula:* a trajetória de um africano ladino em terras meridionais (meados do século XIX). Dissertação (Mestrado em História). Programa de Pós-Graduação em História, Universidade do Vale do Rio dos Sinos, São Leopoldo, 2005.

OLIVEIRA, Vinicius Pereira de. Africanos Livres no Rio Grande do Sul: escravização e tutela. *Estudos Afro-Asiáticos*, 2007, p.201 – 280.

OLIVEN, Ruben George. A Invisibilidade Social e Simbólica do Negro no Rio Grande do Sul. *In*: LEITE, Ilka Boaventura. *Negros no sul do Brasil*. Invisibilidade e territorialidade. Santa Catarina: Letras Contemporâneas, 1996.

PALACIOS Y OLIVARES, Guillermo Jesus. Revoltas camponesas no Brasil escravista: a "Guerra dos Marimbondos" (Pernambuco, 1851-1852). *Almanack Braziliense*, n.3, p. 9-39, maio 2006.

PARRON, Tâmis Peixoto. *A Política Da Escravidão No Império Do Brasil*, 1826-1865. Dissertação (Mestrado em História Social) – Faculdade de Filosofia, Letras e Ciências Humanas, Universidade de São Paulo, São Paulo, 2009.

PENA, Eduado Spiller. Burlas à lei e revolta escrava no tráfico interno do Brasil meridional, século XIX. *In*: LARA, Silvia Hunold; MENDONÇA, Joseli Maria Nunes (Org.). *Direitos e Justiças no Brasil*. Ensaios de História Social. Campinas: Editora da Unicamp, 2006.

PENA, Eduardo Spiller. *Pajens da Casa Imperial*, jurisconsultos, escravidão e a lei de 1871.

Campinas: Editora da Unicamp, 2001.

PINHEIRO, Fernanda Aparecida D. *Em defesa da liberdade*: libertos e livres de cor nos tribunais do Antigo Regime português (Mariana e Lisboa, 1720-1819). Tese (Doutorado em História) - Programa de Pós-Graduação em História, Universidade de Campinas, Campinas, 2013.

RAMBELLI, Gilson. Subsídios para a História Marítima do Brasil. *Revista Navigator*, v.2. n. 4, 2009,p. 59-72.

REIS, João José; SILVA, Eduardo. *Negociação e Conflito*. A Resistência Negra no Brasil Escravista. São Paulo: Companhia das Letras, 1989.

REIS, João José Reis; GOMES, Flávio dos Santos; CARVALHO, Marcus J M de. *O alufá Rufino*: tráfico, escravidão e liberdade no Atlântico negro (c. 1823 - c. 1853). São Paulo: Companhia das Letras, 2010.

REVEL, Jacques (Org.). *Jogos de Escalas*: a experiência da micro-análise. Rio de Janeiro: FGV, 1996.

RIO GRANDE DO SUL. Secretaria da Administração e dos Recursos Humanos. Departamento de Arquivo Público. *Documentos da escravidão*: processos crime - o escravo como vítima ou réu. Porto Alegre: Companhia Rio-Grandense de Artes Gráficas, 2010.

RIO GRANDE DO SUL. Secretaria da Administração e dos Recursos Humanos. Departamento de Arquivo Público. *Documentos da escravidão*: catálogo seletivo de cartas de liberdade. v.1. Porto Alegre: Companhia Rio-Grandense de Artes Gráficas, 2006.

ROSA, Marcus Vinicius de Freitas. *Colônia Africana, arrabalde proletário*: o cotidiano de negros e brancos, brasileiros e imigrantes num bairro de Porto Alegre durante as primeiras décadas do século XX. Anais do 5º Encontro Escravidão e Liberdade no Brasil Meridional.

SCHWARCZ, Lilian K. M. *O Espetáculo das Raças*. Cientistas, Instituições e Pensamento Racial no Brasil: 1870-1930. São Paulo: Companhia das Letras, 1993.

SÁ, Gabriela Barretto de. A América Afro-latina como um desafio ao novo constitucionalismo latino-americano: o caso dos afro-bolivianos. *In*: TARREGA, Maria Cristina Vidotte Blanco, *et al* (Orgs.). *Estados e Povos na América Latina Plural*. Org:. Goiânia :Ed. da PUC Goiás, 2016.

SANTOS, Jocélio Teles dos (Org.). *O impacto das cotas nas universidades brasileiras (2004-2012)*. Salvador: Centro de Estudos Afro-Orientais, 2013.

SEYFERTH, Giralda. Colonização, imigração e a questão racial no Brasil. *Revista USP*, São Paulo, v. 53, 2002, p. 117-149.

SÁ, Gabriela Barretto de. *Entre mordaças e direitos*: ações de liberdade e resistência escrava na História do Direito no Brasil. Monografia (Graduação em Direito) – Faculdade de Direito, Universidade Federal da Bahia, Salvador, 2010.

SCOTT, Rebecca J.; HÉBRARD, Jean M. *The Freedom Papers*. An Atlantic Odissey in the Age of Emancipation. Cambridge: Harvard University Press, 2012.

SEELAENDER, Airton L. C. L. O contexto do texto - notas introdutórias à história do direito público na Idade Moderna. *Sequência*, Florianópolis, v. 55, 2007, p. 253-286.

SILVA, Ricardo Tadeu Caires. *Os escravos vão à justiça*: a resistência escrava através das ações de liberdade. Bahia, século XIX. Dissertação (Mestrado em História) – Faculdade de Filosofia e Ciência Humanas, Universidade Federal da Bahia, Salvador, 2000.

SLEMIAN, Andréa. À nação independente, um novo ordenamento jurídico: a criação dos Códigos Criminal e do Processo Penal na primeira década do Império do Brasil. *In*: RIBEIRO, Gladys Sabina (Org.). *Brasileiros e cidadãos. Modernidade política*. São Paulo: Alameda, 2008, p.175-206.

SMALL, Stephen. 'E o vento levou': cabanas de escravos e escravidão no turismo histórico sulista nos Estados Unidos. *In*: SANSONE, Livio (Org.). *Memórias da África*: patrimônios, museus e políticas das identidades. Salvador: EDUFBA, 2012, p. 91-123.

TEIXEIRA, Heloísa M. Buscando a liberdade: o injusto cativeiro e a luta de famílias negras pela alforria (Mariana, século XIX). *In*: Seminário Sobre a Economia Mineira, 2008, Diamantina. *Anais do XIII Seminário sobre a Economia Mineira*, 2008.

WOLKMER, Antonio Carlos. *Introdução ao pensamento jurídico crítico*. São Paulo: Saraiva, 2008.

WOLKMER, Antonio Carlos. *História do Direito no Brasil*. Rio de Janeiro: Forense, 2012.

WOLKMER, Antonio Carlos (Org.). *Fundamentos de História do Direito*. Belo Horizonte: Del Rey, 2012.

XAVIER, Regina Célia Lima. A escravidão no Brasil Meridional e os desafios historiográficos. *In*: SILVA, Gilberto Ferreira da; SANTOS, José Antônio dos; CARNEIRO, Luiz Carlos da Cunha (Orgs.). *RS Negro*. Cartografias sobre a produção do conhecimento. Porto Alegre: EdiPUCRS, 2009, p. 15-31.

ZANETTI, Valéria. *Calabouço Urbano*. Escravos e Libertos em Porto Alegre (1840-60). Passo Fundo: Universidade de Passo Fundo, 2002.

ZUBARAN, Maria Angélica. Sepultados no Silêncio: A Lei de 1831 e as ações de liberdade nas fronteiras meridionais do Brasil (1850-1880). *Estudos Afro-Asiáticos*, ano 29, jan-dez, 2007, p. 281- 300.

ZUBARAN, Maria Angélica. A invenção branca da liberdade negra: memória social da abolição em Porto Alegre. Fênix,*UFU Online*,v. 6, 2009, p. 1-15.

- editoraletramento
- editoraletramento
- grupoletramento

- editoraletramento.com.br
- company/grupoeditorialletramento
- contato@editoraletramento.com.br

- casadodireito.com
- casadodireitoed
- casadodireito

Grupo Editorial
LETRAMENTO